St. Pauli

MENUE

Coffee & Tea

Bagels &
Sandwiches

Homemade
Cakes & Cookies !

UNITED
AGAINST
RACISM
Solidarität
verteidigen

Frank
Berzbach

DIE
SCHÖNHEIT
DER
BEGEGNUNG

Frank
Berzbach

DIE
SCHÖNHEIT
DER
BEGEGNUNG

Zweiunddreißig
Variationen über
die Liebe

EISELE

Besuchen Sie uns im Internet:
www.eisele-verlag.de

© 2020 Julia Eisele Verlags GmbH, München
Alle Rechte vorbehalten
Gesetzt aus der Franziska, Walsheim
Satz: Jenna Gesse, Hamburg
Druck und Bindearbeiten: GGP Media GmbH, Pößneck
Printed in Germany
ISBN 978-3-96161-078-5

Wer jemals in einer festen Beziehung war, der kennt die Frage: *Wie habt ihr euch eigentlich kennengelernt? Wie hat das mit euch angefangen?* Immer muss etwas begonnen haben. Der Mensch ist ein Anfänger.

Meine Eltern feierten neulich ihre goldene Hochzeit, und mein Vater, der mich und auch meine Schwester für beziehungsunfähig hält, weil wir nie goldene Hochzeit feiern werden, sagte vorher zu mir: »Mein Sohn, komm nicht allein, das kannst du vergessen. Bring meinetwegen eine Dame vom Escortservice mit, aber zu unserer goldenen Hochzeit kommst du nur mit einer Frau an deiner Seite.« Was ist, überlegte ich, wenn mich einer der Gäste fragt, wie ich meine Freundin kennengelernt habe? Muss ich mir für diesen Fall schon mal eine Geschichte zurechtlegen? Oder gehört es zur Dienstleistung eines Escortservice dazu, dass die Vergangenheit gleich miterfunden wird? Wie teuer wird so etwas sein? Ich schätze, es ist unbezahlbar.

Immer wollen die Menschen wissen, wie es begonnen hat. Wir erzählen uns Schöpfungsmythen, im Kleinen wie im Großen. Es sind Geschichten gegen die Angst — wo eine Geschichte erzählt wird, herrscht kein Dunkel mehr. Wer weiß, wie es anfing, der glaubt an die Zukunft. Das gilt umso mehr für die Liebe, diese so unwahrscheinliche und unergründliche Sache, die doch alles ist, was der Mensch braucht.

Auch meine Lebensgefährtin und ich haben uns kennengelernt. Auch wir wurden gefragt, und wir haben festgestellt: Ganz so einfach ist das gar nicht in Worte zu kleiden, ganz so einfach vermittelt sich so eine Geschichte gar nicht. Man könnte antworten: Ich bin nicht sicher, wie es begonnen hat. Aber das möchte niemand hören, nicht mal man selbst. Die Zuhörer sind dann misstrauisch, so als ob etwas mit einem nicht stimmt. Wer die Erzählung vom Anfang verweigert, der hat etwas zu verbergen! Vielleicht lügt er sogar? Und es sind ja nicht nur die Freunde, die ihre Neugier stillen wollen, auch die Paare selbst haben das Bedürfnis, zurückzublicken. Ich mag das. Man erinnert sich, stellt sich dem Vergangenheits-Ich (und -Du), verliebt sich vielleicht noch einmal neu. Möglicherweise wären Beziehungen und Ehen stabiler, wenn die Menschen einmal pro Jahr zurück zur Quelle ruderten und sich dort umschauten.

Willst du wissen, wie es mit uns begonnen hat, Linh? Hast du, als wir uns eines Nachts auf deinem Balkon unterm Sternenhimmel erinnerten, nicht gesagt: »Das müsste man eigentlich mal aufschreiben«? (Am 3. August, da hast du das gesagt, es lief gerade *The Rip* von Portishead.) Ich habe auf den Boden geschaut und nur vage genickt, weil ich in Wahrheit schon seit dem 6. Juni daran schrieb, aber nichts verraten wollte. Frag bitte nicht: »Wann hast du angefangen, es aufzuschreiben?«

Ich wollte einfach aufschreiben, wie es mit uns begonnen hat. Das ist auf fünf Seiten erledigt. Dachte ich. Doch dann geriet ich ins Erzählen und ließ mir die gute Geschichte nicht durch Fakten versauen. Wir waren uns ja sowieso nicht in jedem Detail sicher! Auf einmal gab es nicht nur einen Anfang, sondern zwei. Dann vier. Und nach jeder weiteren Seite merkte ich: Da fehlt noch etwas — und das muss auch erzählt werden. Dies auch noch. In schlaflosen Nächten oder an langen Abenden oder in der Morgenfrühe oder tagsüber in der Bahn, während ich die *Beatles* hörte, habe ich geschrieben und geschrieben. Und schon waren wir mittendrin in unseren ganz persönlichen *Goldberg-Variationen!*

Linh, wie haben wir uns eigentlich kennengelernt? Neulich hat das Elefantengehirn von Facebook uns daran erinnert und es bestätigt: Schon damals, schon das erste Schreiben, war ein deutlicher Anfang, das haben wir nur übersehen. Verblüffend, wie weit man den Gesprächsverlauf im Messenger zurückverfolgen kann. Nichts wird vergessen. Aber das heißt nicht, dass man Bescheid wüsste. Es stellt sich immer wieder die Frage: Weißt du noch, Linh?

Ich glaube, es war so …

01

Ich lief an der Elbe entlang, die Landungsbrücken auf der linken Seite schienen mir zu überfüllt, und die ständigen Einladungen zu Hafenrundfahrten empfand ich als lästig. Gut kannte ich mich nicht aus, ich folgte eher meiner Intuition und weigerte mich schon den ganzen Tag, auf dem Handy nach dem Weg zu suchen. So hatte ich zur Reeperbahn gefunden, diesem vulgären Ort, und so gelangte ich nun in eine Straße mit sympathischen Läden und besetzten Häusern. Die Straße führte vom Wasser weg, eine leichte Anhöhe hinauf, und ich landete schließlich auf einem Plateau. Das erkannte ich wieder, ich war in Altona und schaute mich um.

Auf dem Altonaer Balkon, der jetzt am Vormittag beinahe menschenleer war, hast du auf einer Bank gesessen, der Wind zerzauste dein Haar. Dein Blick war auf einen Laptop auf deinem Schoß gerichtet, er passte nicht zum Szenario. Was schreibt diese Frau dort, fragte ich mich. Es sah nicht nach Arbeit aus. Die Bank neben deiner war noch frei, stand aber in der Sonne, und dafür war meine Haut zu empfindlich. Ich nahm meine Kladde und einen Füllhalter aus dem Beutel, fragte, ob ich mich mit in den Schatten setzen dürfe, ich sei auch still und wolle ebenfalls schreiben. Du hast genickt, mich kurz gemustert, ein freundlicher, einladender Blick, und dann hast du wieder auf den Monitor geschaut.

Ich öffnete die Kladde, notierte das Datum oben auf der Seite und hielt inne. Mein Notizbuch ist alles: Tagebuch, Skizzenbuch, Ideensammlung, To-do-Liste. Jetzt war es mein Reisejournal, ein Wochenende allein in Hamburg, um zu mir zu finden, um mich zu ordnen. Ich überlegte, aufzuschreiben, wo ich am Vormittag gewesen war, von der letzten Nacht war nichts zu berichten, ich war früh zu Bett gegangen und hatte schlecht geschlafen. Dein schnelles Tippen, deine Anwesenheit lenkten mich ab. Ich hielt den Stift fest umklammert, dachte nach, die Worte formten sich in meinem Kopf, doch ich brachte sie nicht zu Papier. Nun wurde dein Tippen langsamer, du schienst alles aufgeschrieben zu haben, was dir am Herzen lag, während ich noch immer gehemmt war.

Das Schreiben ist meist ein konzentriertes, einseitiges und einsames Gespräch. Es gibt kein Schreiben ohne Sehnsucht. Wir schrieben beide, als wir zum ersten Mal nebeneinandersaßen. Die ziehenden Wolken erzeugten einige Meter vor uns auf dem Boden ein Wechselspiel aus Licht und Schatten, unsere Bank blieb davon unberührt. Ich blätterte zurück und las meinen gestrigen Eintrag, um vielleicht so wieder ins Schreiben zu kommen.

»Du hast eine formvollendete Handschrift.« Dein Blick hatte sich vom Laptop gelöst. Ich bedankte mich, und auch wenn man mich schon seit der Schulzeit für meine Schrift lobte und mir bis heute sagte, dass meine Briefe dadurch

9

eine besondere Wirkung hätten, freute ich mich insgeheim über das Kompliment aus deinem Mund. Deine Stimme war angenehm warm. Deine Augen fielen mir auf und dein einnehmendes Lächeln, offen und zugewandt. Ich schaute auf deinen Laptop, du verstandest meine stumme Frage. »Ich habe Tagebuch geschrieben, ich führe es digital.« Das erklärte, warum ich irritiert gewesen war; deine Haltung und dein Gesichtsausdruck, nichts davon sah nach Arbeit aus. Hättest du in eine Kladde geschrieben, dann hätte ich sofort gewusst, dass es persönliche Notizen waren. Aber so wirkte es wie eine Bildstörung. Wie sehr man doch im Analogen verhaftet bleibt, wenn es um das Innerste des Menschen geht!

Am liebsten hätte ich den Gedanken mit dir geteilt, aber ich wollte nicht als Nostalgiker oder altmodischer Mensch wahrgenommen werden. Dabei war ich das: Ich trug zu dieser Zeit keine Turnschuhe, war immer eine Spur zu gut angezogen, und das suggerierte, ich hätte Geld, was leider nicht der Fall war und mir peinliche Situationen bescherte. Kultiviertheit, Formbewusstsein und Manieren standen zwar einmal für Wohlstand, aber das war lange her. Es war die Welt der alten Romane, die ich gern las. Bei Henry James haben die kultivierten Männer noch Geld, sie müssen nicht arbeiten, sie reisen, flanieren und lieben sich durch die Welt. Aber heute gab es das nicht mehr, die Gelehrten waren nur noch antiquierter Ballast.

Meiner Generation, die nie Teil einer Jugendbewegung sein durfte, war jede Ideologie der Armut abhandengekommen. Daher war es für mich nicht einfach, mit wenig Geld auszukommen. Ich zog mich immer wieder darauf zurück, ein »heimlicher Jesuit« zu sein, einer wie Hugo Lassalle, mit Hang zum Zen. Schwarze Kleidung, weltliches Leben und inneres Mönchtum. Ich gehörte zu einer Art römisch-buddhistischer Bohème, die betete, meditierte *und* der Sinneslust zugewandt war. Meine Armut war frappant: Ich ging nicht mal einen Espresso trinken, sondern bereitete mir in der Küche von Ada, bei der ich untergekommen war, Tee zu.

Ada war meine beste Freundin, obwohl wir extrem unterschiedlich waren. Ada hatte Kunst studiert, arbeitete als Tätowiererin, ihr Herz hing aber an der Musik. Sie lebte wild, war unverbindlich und unsere Freundschaft immer wieder harten Proben ausgesetzt. Es kam vor, dass sie sich tagelang nicht meldete, nicht einmal meine Nachrichten las. Aber im Notfall war sie immer da und verstand mich. Unsere Verbundenheit ging sogar so weit, dass wir eine Partnertätowierung hatten. Ich ging in jener Zeit ungern aus, weil das mit Geldausgaben verbunden war, und zog mich immer mehr zurück. Ich litt nicht sehr darunter, wurde nur zunehmend ernst und still. Mir selbst fiel es nicht auf, aber Ada. Sie sah, dass mir die extreme Sparsamkeit nicht guttat, auch, dass mir eine Frau und Freunde fehlten. Sie sagte, ich solle rausgehen, mutiger und lockerer sein, Leute ansprechen. Und sie hatte recht: Ich war einsam, beinah isoliert, und wenn ich diesen Zustand überwinden wollte, hatte ich keine Wahl.

Ich dachte über Adas Worte nach und nahm meinen Mut zusammen. »Darf ich dich zu einem Kaffee einladen?« Deine Freude, als du zugesagt hast, klang aufrichtig, und ich hatte kaum Zeit, mich darüber zu wundern. Du bist augenblicklich aufgestanden, und wir zogen los. Vor einem schönen Interieurladen hast du gefragt, ob ich kurz mit hineinkommen wolle, du seist noch nicht lange in der neuen Wohnung, und es gebe daher noch einiges zu besorgen. So kam es, dass wir gemeinsam deine Wohnung einrichteten, bevor wir auch nur unsere Namen kannten. Berauscht von der Selbstverständlichkeit und Leichtigkeit unseres Zusammenseins stromerten wir durch weitere Geschäfte. Dann fiel uns wieder ein, dass wir Koffein brauchten, aber es war schon nach sechs Uhr, und ich hörte deinen Magen knurren. Ob du eine Kleinigkeit mit essen würdest, dann der Espresso? Ja, das wolltest du, und so saßen wir schließlich im *Wohlers Eck*, einem charaktervollen Restaurant am Park. »Trinken wir Averna?«, hast du mit heiserer Stimme gefragt. »Vor dem Essen? Trinkt man das nicht eigentlich ...« Wir bestellten den Digestiv vorab. Der Kellner kommentierte es mit einem »Wie ihr wollt!«

Wie es genau passiert war, wussten wir später nicht mehr, jedenfalls hatte sich das kurze Gespräch auf der Bank unmerklich in eine innige Vertrautheit verwandelt. »Wie haben deine Eltern reagiert, als du dich von deiner Frau getrennt hast?«, fragtest du, obwohl ich meine Ehe mit keinem Wort erwähnt hatte, du hast es wohl gespürt. »Meine Mutter hat geweint, und mein Vater hat zynische, verletzende Dinge gesagt. Er meinte, es liege an mir, ich sei beziehungsunfähig und würde nie mit einer Frau glücklich werden. Wie kommst du darauf?« Mir waren deine Fragen nicht unangenehm, im Gegenteil, sie zeugten von Verbundenheit. »Auch ich habe eine Trennung hinter mir. Meine Mutter hat damals schlimme Dinge gesagt, mein Vater gar nichts, er hat mich wochenlang ignoriert. Es schmerzt, auch wenn sie unrecht haben.« Wir tranken unseren Averna. »Sie müssen uns nicht verstehen«, sagte ich dann, »sie führen ihr Leben, sind in einer anderen Zeit aufgewachsen. Es ist seltsam, dass es dennoch wehtut. Warum will man die Anerkennung der Eltern, obwohl es um das eigene Leben geht?«

Wir redeten, ohne uns aufzuwärmen, in die persönlichsten Themen hinein, vielleicht war es leichter, weil keiner von uns mit Vorwissen belastet war. Wir kommentierten diese überraschende Intimität nicht einmal, sondern taten einfach so, als würden wir einander schon seit einer Ewigkeit kennen und hätten uns absichtlich getroffen. Ich fragte dann aber doch irgendwann nach deinem Namen. Wenn wir schon wie ein Paar wirkten, dann war es angebracht, zu wissen, wie die Partnerin hieß. Ich sprach deinen Namen zweimal nach, und du sagtest amüsiert, das sei schon einigermaßen korrekt, aber deine Mutter würde mich auslachen.

Du hattest einen Hocker gekauft, er war gut verpackt, und erst wolltest du ihn selbst tragen, hast dich dann aber überreden lassen — ein Glück, ich wäre nicht kompromissfähig gewesen —, und so trug ich ihn dir schließlich nach Hause. Als wir ankamen, ging die Sonne bereits unter, du hast die Haustür geöffnet und gingst vor, doch ich blieb stehen, als wollte ich mich verabschieden. »Du willst gehen? Wohin denn?« Deine Frage war von einem Lächeln untermalt, enthielt aber keine Ironie. »Wir haben uns doch eben erst ...«, setzte ich an, doch eigentlich wusste ich, dass das Unsinn war, es war völlig unerheblich, wie lange wir uns schon kannten. Ich vermied es, dich anzusehen. »Bringst du mir den Hocker hoch?«, fragtest du und drücktest mir deinen Wohnungsschlüssel in die Hand. Ich solle schon hochgehen, es sei die rechte Tür im dritten Stock, du würdest gleich nachkommen.

Ich stieg die Treppe hinauf, schloss die Tür auf und stand im kleinen Flur, platzierte den Hocker in einer Ecke und schaute durchs Wohnzimmer auf den Balkon. Rechts an der Wand stand ein Klavier. Durfte ich mich allein umsehen? Einen Moment lang stand ich unsicher im Flur, dann klingelte es schon, und ich drückte auf den Türöffner. Du hattest eine Flasche Weißwein in der Hand und Lübecker Marzipan. »Essen wir zusammen?« Irgendwie verschob sich die Welt, vielleicht war mein bisheriges Leben ja nur ein Umweg gewesen, ein nötiger Parcours zu dir hin. Jedenfalls fühlte es sich natürlich an, weiterzumachen. Heute gab es nur die Gegenwart. Ich nickte. Seit sechs Stunden redeten wir bereits, doch nie über profane Dinge wie etwa die Arbeit. Die Sachebene war nicht, was uns interessierte und was uns verband. Die Bindung schien vom ersten Augenblick an so fest zu sein, dass das Seil nicht mehr reißen würde. Wein, eine Kerze, Musik. Wir sprachen immer weiter, und es wurde schließlich dunkel und spät.

So hat es begonnen. Ich hatte mich auf die richtige Bank gesetzt, in den Schatten, ich hatte mein Leben gefunden und du deins auch, und so blieb es. Wir frühstückten am nächsten Morgen im *Kandie Shop*, einem Café, das früh öffnet. Wir waren erschöpft und ein bisschen zerschunden von der Plötzlichkeit der Ereignisse. Wir gaben erst gar nicht vor, keine Erwartungen zu haben, denn wir hatten welche. Es gibt die gewöhnlichen Pfade, die langsam in Serpentinen nach oben führen, aber es gibt auch die Abkürzungen, querfeldein, und die hatten wir genommen. Als wir schließlich nach unten blickten, nicht nur auf unser Schokoladencroissant, sondern auch auf die zurückgelegten Höhenmeter, wunderten wir uns. Wie waren wir bloß hierhergekommen? Der Weg ist eben nicht das Ziel, nur das Ziel ist das Ziel.

»Könntest du jemandem nachvollziehbar erzählen, wie es mit uns begonnen hat?« Ich warf zwei Zuckerwürfel in deinen doppelten Espresso, und du antwortetest: »Ich weiß, was ich erlebt habe, wie in einem Traum, aber *erklär*en kann ich es nicht. Findest du das schlimm?« In diesem Moment kam Ada die Straße entlang, ich hatte sie einige Tage nicht gesehen. Sie grüßte uns, musterte dich neugierig und war schon im Begriff, weiterzugehen, als ich eilig rief: »Ada, ich brauche einen Tattootermin. Hast du morgen Zeit?« Um elf Uhr, entgegnete sie, und ich solle Frühstück mitbringen, dann ging sie weiter. »Wann hast du Geburtstag?«, fragte ich dich. Du sagtest es mir, und ich schrieb es mir in Gedanken auf und am nächsten Tag unter die Haut, unterhalb des Schlüsselbeins und oberhalb des Herzens. Ada liebte Partnertattoos, und sie liebte Wagnisse. Ihre Finger spannten meine Haut, die Nadel surrte, und der Schmerz breitete sich kribbelnd aus.

»Doch, man kann unsere Geschichte erzählen«, sagte ich

an jenem ersten Tag zu dir, als Ada gegangen war, »und ich schreibe sie irgendwann auf. Nicht, weil wir sie jemals vergessen könnten, sondern weil ich sie sehen will, Schwarz auf Weiß, dann glauben wir uns.« Es könne aber sein, fügte ich schließlich noch an, dass ich mich dazu würde lösen müssen von Ort und Zeit. *Stein schwimmt, Holz sinkt*, sagt man in Japan. »Das hast du aus einem Buch von Murakami, oder?« Dein Blick verwandelte sich in ein Lächeln.

Ich zog mein Tagebuch aus der Tasche, nahm den Bleistift und drehte ihn zwischen den Fingern. Ich dachte nach. Die Stille war wundervoll, wir fühlten uns nah, ganz ohne zu sprechen. Noch immer stand nur das gestrige Datum auf der Seite. Ich schrieb das heutige darunter. »Hamburg. Gestern Altona, heute St. Pauli. Linh getroffen. Für immer bei ihr geblieben.« Und so hat es begonnen.

02

Der Job in der kleinen Pförtnerloge einer großen Kölner Werbeagentur hatte mir das Leben gerettet. Nach einigen Jahren als Fahrradkurier hatte ich genug gehabt vom schlechten Wetter, das war am Rhein zwar besser als in Hamburg, wo ich auch eine Zeitlang gelebt hatte, aber immer noch nicht gut. In der Agentur sah ich mich nicht als niederen Angestellten, sondern als einen der wenigen, die glücklich waren.

Jeden Morgen eilten die Menschen mit ihren grauen Gesichtern vorbei, nachts schleppten sie sich erschöpft wieder nach Hause. Ihr modischer Stil verschärfte den Kontrast noch. Mitleid erzeugende Wesen in teuren, makellosen Klamotten. Im Foyer lief meist Klaviermusik, eine Marotte der Inhaber, die mich allerdings regelmäßig in Entzückung versetzte. Es war nicht die übliche beliebige Beschallung, sondern das sorgfältig ausgesuchte Programm eines naheliegenden Plattenladens, der einmal pro Monat Klassik-LPs vorbeibrachte. Das machte auf viele Gäste Eindruck. Nur die überlasteten Angestellten ließ es kalt, dass man hier morgens schon das *Wohltemperierte Klavier* hörte, kaum hatte man die Eingangstür geöffnet.

Ich führte heimlich mein Pförtnerlogen-Tagebuch, um der Nachwelt zu erzählen, wie es in der schönen neuen Arbeitswelt zuging. Ich las in meiner Zeitung, die ich immer schnell verbarg, sobald jemand an die Loge herantrat, um nicht für einen klugen Kopf gehalten zu werden, denn ich wollte keine anspruchsvolleren Aufgaben übertragen bekommen, sondern mir eine stille Überlegenheit bewahren — und vor allem meine Ruhe zum Schreiben.

Plötzlich stand sie vor mir, und ich schreckte auf. Sie sagte, sie habe einen Bewerbungstermin, und lächelte, als hätte sie mich bei etwas erwischt. »Ihr hört Bach?« Ich nickte stumm. »Und du arbeitest hier als Concierge?«, fragte sie, sah dann aber sofort nach unten, als wollte sie sich für eine Unverschämtheit entschuldigen. *Concierge!* Das Wort war mir als Stellenbeschreibung nie eingefallen, nicht einmal den sprachversierten Textern war es eingefallen, aber nun war ich in Amt und Würden — der Concierge einer bedeutenden Agentur. »Ich heiße Linh.« Ich nahm meinen Bleistift und schrieb ohne zu zögern »Linh« in meine Dienstkladde, mit »h« am Ende, und sie sah mich erstaunt an. »Woher weißt du ...? Du schreibst meinen Namen richtig!« Ich wusste nicht, woher ich das wusste, ich wusste nur, dass es ein vietnamesischer Name war, und erzählte ihr, ich hätte lange in einem vietnamesischen Restaurant in Hamburg gearbeitet. Das war eine lupenreine Lüge. In Wahrheit hatte ich lediglich einen Abend in jenem Restaurant verbracht, vor Jahren schon, und war von der Karte überfordert gewesen. Die grazile Kellnerin hatte mir den Weg gewiesen und später für einige erotische

Fantasien gesorgt. Seit dieser Zeit waren mir Vietnamesinnen immer aufgefallen, die einzigen Asiatinnen übrigens, die ich mit einer gewissen Sicherheit erkannte.

»Ja«, sagte ich, obwohl Linh gar keine Frage gestellt hatte. Ich zeigte in den Gang nach rechts, verließ aber schließlich meine Loge, was ich selten tat, und brachte sie persönlich zum Aufzug. Sie hatte »Concierge« gesagt, und das flößte mir Verantwortungsbewusstsein ein. Wie anders man agierte, sobald man glaubte, man hätte ein würdevolles Amt inne! Sie war größer, als ich sie in Erinnerung hatte, ich hatte sie nämlich schon einmal gesehen, plötzlich war ich mir ganz sicher. Sie war ebenfalls in diesem Restaurant in Hamburg gewesen, sie hatte auf Deutsch geantwortet, obwohl der Inhaber sie auf Vietnamesisch angesprochen hatte. Er hatte irritiert, aber lächelnd pariert. Doch vielleicht war sie es gar nicht gewesen, vielleicht hatte ich sie woanders gesehen, das Gesicht kam mir jedenfalls bekannt vor. Aber wo waren wir uns begegnet? »Kennst du Hamburg?«, fragte ich verlegen. »Ein wenig, ich wohne dort.«

Als sie im Gebäude unterwegs war, wurde mir die Zeit lang; ich konnte mich nicht mehr konzentrieren. Ich dachte daran, wie sie nun vor diesen Personalleuten saß, ihr wesensfremden Menschen. Fachlich sicher hervorragend, aber emotional steckten sie in einer Sackgasse. Das zu kaschieren erforderte eine Menge Energie. Die Agentur war bevölkert von Leuten, die nie innehielten, damit sie nicht darauf stießen, was eigentlich mit ihrem Leben los war. Ich ertappte mich bei der Hoffnung, dass sie nicht hier zu arbeiten anfangen, sich nicht in eine dieser graugesichtigen Frauen verwandeln würde. Mir gefiel von Anfang an die warme Farbe ihrer Haut.

Plötzlich stand Linh wieder vor mir, ich sah sie an. »Ich möchte hier nicht arbeiten«, sagte sie ruhig, »obwohl sie mich wollen.« Ich nickte und gab ihr zu verstehen, dass ich erleichtert war. »Also sehen wir uns nie wieder?«, fragte ich. Sie lächelte, schüttelte dann den Kopf. Sie legte mir eine Visitenkarte hin, ausgerechnet von dem vietnamesischen Restaurant in Hamburg. Linh sagte, sie habe sie gestaltet, und vielleicht träfen wir uns dort ja einmal wieder. Ich starrte sie an, überrascht von diesem Angebot. Hatte sie wirklich gerade mich, einen Concierge, nach Hamburg eingeladen? »Ich habe eine BahnCard.« Der Satz war ungelenk, aber mir fiel nichts anderes ein, ich war zu betört von ihr. »Ja, nächste Woche vielleicht«, schob ich hinterher. »Ja, nächste Woche.«

Am 6. Juni fuhr ich nach Hamburg. Die Bahn fuhr an der Elbphilharmonie vorbei, von deren großem Saal ich gelesen hatte, sein Klang sei unerbittlich. Wie würde hier Klaviermusik klingen? In meiner Tasche befanden sich allerdings zwei ganz andere Karten. Im kleinen Saal würde Ada auftreten, die seit einigen Jahren unter dem Namen *shi offline* avantgardistische Popmusik machte. Die Philharmonie gab noch unbekannten Hamburger Bands die Chance, auf großer Bühne zu stehen. Ada war ganz überwältigt gewesen von der Einladung und drei Wochen mit ihrem Partner abgetaucht, um sich vorzubereiten. Wie einen solchen Saal mit Musik füllen? Von meiner Begegnung in Köln hatte ich ihr daher noch gar nicht erzählen können. Ich träumte mich in das Konzert, neben Linh sitzend.

Als ich in Hamburg ankam, gingen wir erst essen, Vietnamesisch. Die Tochter des Inhabers sprach sie diesmal auf Deutsch an. Ich legte die Konzertkarten auf den Tisch. Linh suchte in ihrem Gedächtnis, aber sie kannte die Band nicht. Einen Tag später standen wir auf der Plaza und schauten über das Wasser, ein Glas teuren Wein in der Hand. Der zweite Gong erklang, und wir verschwanden im kleinen Saal. So hat es begonnen, genau so.

03

Als ich das zweite Semester als Professor für Sinologie hinter mir hatte — in der letzten Sitzung saßen wie üblich nur wenige Studierende —, war ich in mein großzügiges Büro gegangen, vorbei an der Sekretärin, hatte meinen Füllhalter genommen und auf ein Blatt geschrieben:

Sehr geehrte Damen und Herren,
hiermit kündige ich. Es ist mir vom morgigen Tage an
nicht mehr möglich, hier zu arbeiten. Ich danke für Ihr
Vertrauen, muss aber auch zugeben, dass mich mein Amt
nicht glücklich macht. Mir ist die Welt der Studierenden
so fern, und die endlosen Sitzungen sind mir eine so große
Qual, dass ich darin niemals Erfüllung finden werde.
Die zeitgeistigen Neigungen und Moden, das Gendern und
Inkludieren, die Manierismen und die Bequemlichkeit,
die Überheblichkeit und Weltfremdheit, das permanente
Hoffen auf Drittmittel und die Humorlosigkeit summieren
sich zu einem übergroßen Gesundheitsrisiko. Bleiben Sie
alle gesund!
Ich wünsche meiner Nachfolgerin viel Erfolg.
Ihr ...

Ich sandte den Umschlag an die Personalverwaltung und war frei. Meine Anzüge brachte ich auf den Dachboden, ich kaufte mir zwei schwarze *Cleptomanicx*-Hoodys, schwarze *Levi's 511*, *Dr. Martens*-Halbschuhe und eine regendichte Jacke. Die perfekte Ausstattung für meinen neuen Alltag als Fahrradkurier, als der ich durch St. Pauli und das Schanzenviertel fetzen würde. Drei Jahre hielt ich durch, aber dann streckte ich die Waffen. Der Regen lief mir in die Schuhe, ich durchfror die Winter. Ada, die schon länger in Hamburg lebte, hatte mich vor dem Wetter oft genug gewarnt. Aber erst als Fahrradkurier erlebt man es wirklich, das ewige Grau und die Kälte sind unerbittlich. Schließlich klaute man mir auch noch mein Rad, und ich fühlte mich wie der tragische Held aus dem Film *Fahrraddiebe* — genug war genug. Ich brauchte einen neuen Job.

Ich wollte weiterhin draußen an der frischen Seeluft arbeiten, weil mich allein bei dem Gedanken an ganze Tage im Büro eine besondere Traurigkeit befiel, und nahm einen Aushilfsjob in einer Landschaftsgärtnerei an, die auf ostasiatische Pflanzen spezialisiert war. Das erinnerte mich an meine Studienjahre. Ich tat mein Bestes, aber nur so weit, dass mich niemand beförderte, ich wollte meine freie Zeit haben für Lektüre, Schriftstellerei und gute Musik. Am Abend streckte ich die Beine aus, las Murakamis *1Q84* und hörte, wenn das Wetter gut war, Klaviermusik und ansonsten die Beatles. Die chinesischen und japanischen Gärten, die wir anlegten und pflegten, beruhigten mich. Mit der Schere stutzte ich also Kiefern sowie exotische Pflaumen- und Kirschbäume, ich zog Bonsaibäume, steckte Blumen und kannte die Marotten seltener Gräser.

Seit drei Wochen versorgte ich schon die Umlagen einer Galerie für ostasiatische Kunst in einem Nobelviertel der Stadt. Ich kannte diese Seite von Hamburg kaum. Ein Mann hatte seinen Porsche, der eine alberne Lackierung hatte und goldene Felgen, am Rand der kleinen Stichstraße zur Außenalster stehen lassen und wohl einfach vergessen. Die Leute sprachen darüber und rätselten. Ich verbrachte meine Mittagspause gern am Wasser und hörte ihnen mit einem Ohr zu, während ich las. Mein Chef, den ich durch wiederholtes Zuspätkommen verärgert hatte (meine Lektüre zog mich so sehr in Bann, dass ich mehrfach versäumt hatte, rechtzeitig aus der Pause zurückzukehren), wollte mir zeigen, wer das Sagen hatte, und ließ mich einige Wochen lang die kleine Stichstraße kehren. Gewissenhaft kehrte ich um die goldenen Felgen des verwaisten Porsche herum und ließ alles im Gully verschwinden, was zwar nicht die feine Art war, aber was soll's?

In meiner Zeit als Straßenfeger erzählte ich Kindern abstruse Geschichten von unterirdischen Garagen, in denen Porsche-Sammlungen standen. Sie glaubten nicht, dass Erwachsene Autos sammelten wie sie Matchbox-Modelle, obwohl es der Wahrheit entsprach. Es war aber besser, die Wahrheit als bloße Erfindung hinzustellen, dann verlören sie erst etwas später den Glauben an die Menschheit. Einige der reichen Damen, die viel Zeit auf ihr Äußeres verwendeten, eigentlich ihre ganze Zeit, fragten mich, ob ich auch ihren

Garten in Ordnung bringen wolle. Ihre Männer seien selten anwesend und sie einsam. Ich verstand ihre Offerten, mir wurde aber schnell unbehaglich, und ich lehnte stets dankend ab.

Hinter der Galerie, ebenfalls in einem Haus chinesischer Bauweise, lag eine kleine Agentur. Einmal — es war bereits dunkel — jagte ich einer Frau, die spät das hintere Gebäude verlassen hatte, wohl einen Schreck ein. Ich wollte ihr erst zurufen, sie solle keine Angst haben, aber dann dachte ich mir, genau das würde ein Psychopath sagen. Also schwieg ich. Aber vergessen konnte ich die Frau nicht. Ich wollte ihr keine Angst machen, denn sie war der einzige ernst zu nehmende Mensch, der hier herumlief. Ich begann, sie unauffällig zu beobachten, und verbrachte nun auch meine Freizeit im Millionärsviertel, wie sonst sollte ich sie kennenlernen? Ich wusste nicht, wohin sie fuhr, manchmal ging sie zum Bus, manchmal zur Bahn, einmal kam sie mit dem Fahrrad und einmal sogar mit einer Kollegin. Am liebsten schien sie aber das Taxi zu nehmen. Jeden Mittwoch trug sie eine schwarze Kladde unter dem Arm, die aussah wie eine Notenmappe. Was für ein Instrument sie wohl spielte?

Eines Tages verbrachte ich meine Mittagspause wieder an der Alster. Ich saß auf der ersten Bank, Niederegger Marzipan auf den Knien, und sah hinaus aufs Wasser. Da tauchte sie plötzlich auf, ging erst eilig an mir vorbei, stockte dann aber, als sie den Blick auf mich richtete und das Marzipan entdeckte. Sie lächelte. »Warum lachen Sie?« Der Satz war aus meinem Mund gekommen, bevor ich hatte nachdenken können. Sie drehte sich um, schaute aufs Wasser, überlegte kurz und setzte sich neben mich. »Du bist der Gärtner, oder?« Ich war überrascht und hielt ihr einen eiskalten Riegel hin. (Ich hatte extra besonderes Marzipan besorgt. Viele Jahre später sagte sie mir, nur deswegen hätte sie mich geheiratet.) Zwar beobachtete ich sehr gern Menschen, aber es lag außerhalb meiner Vorstellung, dass *mich* jemand hätte bemerken können. Ich nickte. »Ich sehe dich von der Terrasse der Agentur aus und schaue dir oft zu.« Ich wurde verlegen und war drauf und dran zu gehen, aber es freute mich doch zu sehr, dass sie sich zu mir gesetzt hatte. »Du siehst nicht aus wie ein Gärtner.« Ich gab zu, dass ich das auch nicht war, sondern nur eine Aushilfe, erzählte aber, da ich nervös war, mehr, als ich wollte. Ich las gerade einen Essay des französischen Landschaftsgärtners Gilles Clément, *Die Weisheit des Gärtners*, der mich faszinierte und an meine akademische Existenz erinnerte. In Gegenwart der Asiatin vergaß ich mich kurz und hielt einen Stegreifvortrag. Sie lachte und schüttelte wissend den Kopf. »Promovierte Gärtneraushilfe, was? Ich glaube dir kein Wort.«

Ein Mann, der einer körperlichen Arbeit nachging *und* mit dem man über philosophische Werke reden konnte, der sich dabei aber nicht in Klagen und Selbstzweifeln erging wie die üblichen Intellektuellen: Ich schien zu einer eher seltenen Gattung Mensch zu gehören, und sie schien das Abseitige zu mögen. Wer mit der Natur arbeitete, musste klug mit Unwägbarkeiten umgehen, schließlich waren der Lauf der Jahreszeiten und das Wetter nicht zu beeinflussen. Entweder es wuchs und gedieh — oder wurde von Schnecken gefressen. Wo konnte man also besser sein Fingerspitzengefühl und seine Gelassenheit schulen als beim Gärtnern? All das schien ihre Neugier zu wecken.

Es war bereits dunkel, als ich sie die Straße zurückbegleitete. Wir hatten den ganzen Nachmittag auf der Bank gesessen, die Zeit vergessen und geredet, es hatte sich so vertraut angefühlt, als säßen wir seit Jahren jeden Tag dort zusammen. Es war das erste Mal gewesen, dass sie und ich blaugemacht hatten. In der Dunkelheit der Sommernacht ergriff sie meine Hand, zog mich zur Seite, wir fielen ins Gebüsch. Es ging schnell. Ich küsste sie, bevor ich ihren Namen erfuhr. Wir robbten durch den dunklen Garten, den ich genau kannte, weil ich ihn mit angelegt hatte, fanden moosigen Untergrund und fanden uns. Am nächsten Morgen waren wir beide pünktlich. Wir hatten aus dem Garten nicht mehr herausgefunden in dieser Nacht. Es war der 6. Juni gewesen. Ich richtete ihre hellen Klamotten, sie waren nicht einmal schmutzig. Meine schon, aber das machte nichts. Sie ging lächelnd in die Agentur. Sie glaubte mir nicht mehr, dass ich Gärtner war. Und so hat es begonnen, genau so.

04

Ich lernte dich auf einem Nick-Cave-Konzert in Berlin kennen, Wim Wenders drehte gerade diesen Film. Zwei Engel, einer von ihnen will Mensch werden und geht schließlich auf das Nick-Cave-Konzert. Ich war da elf Jahre alt und du noch nicht geboren, aber das ändert dennoch nichts an den Tatsachen. *I will tell you about a girl*, Worte im Kopf des Sängers. Otto Sander, der den Engel spielt, stand unsichtbar neben Cave auf der Bühne und las die Gedanken des Mystikers.

Du hattest ein dunkelblaues Kleid an, streng im Schnitt, die Schuhe ein Gegenpol, fast Sandalen, dazu eine asiatische Anmutung, die Farbe deiner Haut, die perfekten Proportionen und die fließenden Bewegungen, wenn du gingst. Und vor allem: wenn du tanztest. Ich lehnte an der Wand, neben mir die Theke, und trank Whisky-Cola. Du im blauen Kleid nur ein paar Schritte von mir entfernt. Wenders übersah dich. *I will tell you about a girl*. Cave im Anzug und ich nicht im Anzug, ich hatte damals keinen (welches Kind hat schon einen Anzug?), oder war ich doch schon älter und du auch und wir waren dort einfach gemeinsam? Jedenfalls hätte es gepasst. Du rauchtest, sehr anmutig, wie die Frauen in Wong-Kar-Wai-Filmen, auch deine Bewegungen waren ähnlich.

Die Musik von Nick Cave hob an. *From her to eternity.* Plötzlich stand Otto Sander neben mir, sah mich an. Er zeigte auf dich und nickte. Ich war irritiert, was wollte er mir sagen? Engel sind nicht zimperlich, nicht lieb und harmonisch, sie greifen ein; in der Bibel haben die Menschen Angst vor ihnen. Ich hatte zwar keine Angst, noch nicht, aber Sander lenkte meinen Blick auf dich tanzende Grazie, deine Bewegungen zur düsteren Musik, dein Lächeln (das Nick Cave galt oder dir selbst, deiner Freundin oder einer buddhistischen Gottheit?), ich sah deinen Nacken, fand dich anziehend, sah zur Bühne. *I will tell you about a girl!* Sander kam zu mir, sagte: »He will tell you about a girl«, und da vorn tanzte es auch schon, nur dass es kein *girl* war, die Bezeichnung ist ganz und gar unpassend, wenn es um dich geht.

Wie sollte ich dich kennenlernen? Mich zwischen dich und Nick drängen, das kam nicht infrage. Frauen wie du, auf Nick-Cave-Konzerten in den 1980ern in Berlin — man erinnert es in Schwarz-Weiß —, rauchen, aber sie haben kein Feuerzeug. Und der, der ihnen Feuer gibt, sollte das mit einem Streichholz tun, nicht mit einem Plastikfeuerzeug, sonst ist es schon vorbei, bevor es angefangen hat. Ich wollte also zur Theke gehen, doch Otto Sander hielt mich fest, legte mir eine Schachtel Streichhölzer in die Hände und verschwand. Ich schüttelte das Schächtelchen und sah dir beim Tanzen zu. Der Song endete. Deine Bewegungen glitten langsam aus, du hast nach unten geschaut, etwas in deiner Handtasche gesucht, der nächste Song begann. *Let love in.* (Dass er in der Zeit noch gar nicht geschrieben war, ist ganz unwichtig, warum eine gute Geschichte durch Fakten versauen?) *Do you love me?*

Das Päckchen Tabak lag elegant in deiner Hand, ich hätte nicht gedacht, dass du Zigaretten selbst drehen würdest, aber es sah aus, als ginge es ganz von selbst, wie tausendfach erprobt. Eine rauchende Frau, betörend schön, wie in einer Filmszene, eine, die man nicht vergisst. Generell ist dein Anblick mein Glück, ob 1982 oder jetzt, ob vor deiner Geburt oder danach. Buddhisten glauben so einiges, und natürlich waren wir auf diesem Nick-Cave-Konzert, und es ist eine Fügung, dass Wim Wenders, der dort den Film drehte, dich nicht entdeckte. Sonst wärst du mit ihm und Nick Cave hinter der Bühne verschwunden, und ich wäre rausgewesen, und damit hätte ich zwar leben können, aber es wäre doch schmerzlich gewesen. Ohne dich wäre auch die Musik überflüssig. Für wen hätte ich einen Anzug getragen, für wen auf Sneaker verzichtet? Wenders übersah dich; dafür danke ich ihm bis heute.

Mit der rechten Hand strichst du die dünne Zigarette an deinen Lippen entlang, rolltest sie zusammen, und dann war sie fertig. Aber Feuer hattest du nicht, auf so einem Konzert haben die schönen Frauen nie Feuer, wofür gibt es überhaupt Männer? Du stecktest die Zigarette zwischen die Lippen und machtest gar nichts, hieltest nur kurz inne. Plötzlich spürte ich die kraftvolle Hand in meinem Rücken, der Engel, er schob mich nach vorn, so überraschend und vehement, dass ich fast gegen dich stieß. In meiner Hand die Streichhölzer, ich sah sie an, dann dich, du mich und dann die Streichhölzer, und dann nicktest du, und trotz deines Lächelns fiel dir die Zigarette nicht vom Mund. Ich riss ein Streichholz an, wie fremdgesteuert, und die Flamme war da, hell, sie beleuchtete dein Gesicht, und ich hielt meine Hand um sie, als müsste ich die Flamme vor Wind schützen. Es war ein Reflex, und du hast das gemocht, diese kleine Geste.

Der nächste Song hob an. *Wanted Man*, dieser Cash-Song. Ich habe etwas über Johnny Cash geschrieben. Das habe ich nicht nur gedacht, sondern laut ausgesprochen, und du hast sofort aufgehört zu tanzen und mich angeschaut. »Schick's mir!«, hast du gesagt und mir deine Anschrift genannt, weil es Mails noch nicht gab. Am nächsten Tag brachte ich dir den Text persönlich vorbei und tat so, als würde ich in Berlin wohnen, dabei wohnte ich in Münster (und du auch, nur wussten wir das noch nicht, wir taten beide so, als wohnten wir in Berlin, Nick Cave wohnte da schließlich auch. David Bowie, Iggy Pop, Nick Cave und wir beide.)

Du warst zu Gast in einer WG, aber ich dachte, du würdest dort wohnen. In der Küche tätowierte Ada, ein wildes russisches Mädchen, das später eine Art Schwester für mich werden würde. Eine blonde Frau saß ihr gegenüber und hatte den Arm ausgestreckt, Adas Nadel zog die vorgezeichneten Linien einer Marienfigur nach. Ich stand in der Küche und sah ihr zu. Ich hatte mich nicht getraut, den Anzug anzuziehen, und trug stattdessen dasselbe wie immer. Meine *Dr.-Martens*-Halbschuhe, die schwarze *Cleptomanicx*-Jacke, eine enge Hose, das graue Sweatshirt aus dem *Suicycle*-Shop. Das sah alles eher nach St. Pauli aus und nicht nach Berlin, aber warum eine Geschichte durch Fakten trüben? Ich hatte mir die gleiche niederländische Tabakmarke gekauft wie du, sogar die gleichen französischen Blättchen, um damit Eindruck auf dich zu machen. Aber es war dann doch der Text über Johnny Cash, der dich zu mir führte, langsam, Tanzschritt für Tanzschritt.

Außer uns war keiner mehr in der WG, als die Flasche Wein leer war, und die Kerze ging fast aus, wir hörten inzwischen auch Nick Cave und nicht mehr nur Cash, dann hast du mich in das Zimmer gezogen. Ich dachte natürlich, es wäre dein Zimmer. Du hast mir das Hemd ausgezogen, und am nächsten Morgen hattest du es am Frühstückstisch an. Die anderen waren wieder da, wir hatten gar nicht mitbekommen, wann sie gekommen waren. Ich trug einen Pullover, der herumgelegen hatte, ich weiß bis heute nicht, von wem. Etwas zu klein war er. Du hast das kragenlose Hemd einfach behalten. Und so hat es begonnen.

05

Deine Mutter hatte darauf bestanden. Die Christmette war ihr heilig, da ließ sie keine Ausrede zu. Sie kannte die Gläubigen auf den schmalen Kirchenbänken, ganz im Gegensatz zu dir. Und diese Menschen kannten dich: Du warst die schöne Tochter deiner Mutter, die allen auffiel, die aber selten am Gottesdienst teilnahm. Vermutlich dachten sie, es lag einfach daran, dass du in der Stadt lebtest und studiert hast und dort auch zur Messe gingst.

Deine Mutter wusste insgeheim natürlich, dass dir die Messe nichts bedeutete, obwohl Maria ihr das Leben gerettet hatte, auf einem Schiff ohne Trinkwasser, auf dem die Menschen starben. Das Flüchtlingsboot war mit defektem Motor Richtung Philippinen getrieben, so waren sie den Piraten entkommen, die in thailändischen Gewässern auf Beute warteten. Du wärst nicht geboren worden, hätte Maria deiner Mutter damals keine Kraft gegeben. Jedenfalls hatte ich diese Geschichte im Bibelkreis, den ich zu dieser Zeit besuchte, einmal aufgeschnappt. Die Frommen waren der Ansicht, die Tochter sei vor allem deshalb so außergewöhnlich schön, weil Maria die Mutter gerettet hatte. Der innige Glaube, Gott und die Schönheit waren eng verbunden. Wird Jesus in der Bibel nicht der »schöne Hirte« genannt?

Ich hatte lange darauf warten müssen, bis endlich an Weihnachten ein Stück Kirchenbank neben dir frei wurde und das übliche Gerangel um diesen Platz zu meinen Gunsten entschieden war. Jeder heiratsfähige Kerl wollte neben dir beten. Ich eroberte also das Stück Kirchenbank, so wie andere auf einem Rockkonzert den besten Platz direkt vor der Bühne eroberten. Und das alles, um eine Messe lang neben dir stehen, knien und sitzen zu dürfen. Und der Höhepunkt: Man gab im katholischen Gottesdienst dem Nachbarn die Hand. Ich würde dir die Hand reichen dürfen!

Deine Mutter sah es gern, wenn sich in der Kirche Männer neben dich setzten. Falsch konnten sie ja nicht sein, wenn sie die Messe besuchten. Es war der perfekte Kontakthof für die Gläubigen, besser als jeder Technoclub und jedes Partyschiff. Die heilige Messe war das Tinder der frommen Provinz. Natürlich war Gott auch eine Art Opium, aber es war rein wie das in den besten Opiumhöhlen Hongkongs.

Das erste Lied wurde angezeigt, und ich griff hilflos ins Leere, mein Gesangbuch hatte ich am Eingang vergessen, wohl eine freudsche Fehlleistung (wobei Freud nicht in die Kirche gehört). Deine Mutter sah es und wies dich an, das Gesangbuch mit mir zu teilen. Du warst nicht nur davon genervt, sondern eigentlich von allem. Dem beißenden Geruch des Weihrauchs, dem penetrant klingelnden Klingelbeutel, diesem ewigen Knien, deiner Mutter zuliebe. Wir schauten gemeinsam auf die rechte statt linke Seite des Buches und begannen mit der ersten Zeile eines falschen Liedes. Deine Mutter zuckte zusammen, der Mann vor dir drehte sich erschrocken um und sagte etwas mit hoher Stimme. Wir aber mussten lachen. Wer gemeinsam lacht, der ist verloren! Und so hat es begonnen.

Das war meine Dreifaltigkeit: deine Mutter, Maria und du. Drei Grazien, und eine davon musste ich kennenlernen. Als ich dich schließlich kannte, wusste ich, welches Sakrament mir das wichtigste sein würde — die heilige Ehe. Wir lachten und hörten damit nicht mehr auf. Es ärgerte die anderen um uns herum, aber die Liebe macht glücklich, und der Ausdruck von Glück ist ein offenes Lachen, ein Wissen um die Ewigkeit der Dinge, ein Geschmack von Unendlichkeit, so alt wie Weihrauch und so heilig wie die Messe selbst, wie es im Hohelied der Liebe heißt.

Auch dagegen würde deine Mutter nichts einzuwenden haben. Sie schimpfte zwar, weil wir den Gottesdienst störten, aber in Wahrheit sah sie mit Vergnügen zu, wie wir anbandelten. Du mit einem Kirchgänger, der als Katholik noch lernen musste, dass man sich im evangelischen Gottesdienst am Eingang ein Gesangbuch nahm und auf die Seite mit der richtigen Nummer schaute, der, die vorn angezeigt wurde. Wim Wenders hatte einmal geschrieben, das evangelische Gesangbuch sei sehr viel besser als das katholische Gotteslob, und da mochte er recht haben.

Deine Mutter erzählt noch heute davon und wird es immer tun. Was soll schiefgehen, wenn man sich in solch einem heiligen Ritual kennenlernt, der Segen ist ja im Raum, die

Liebe ist da, man ist im Gespräch mit Gott, und der antwortet sogar. (»Schaut auf die falsche Seite, dann lacht ihr, und wer zusammen lacht, der ist verloren und hingegeben an die ewige Liebe.«)

Bis Silvester hatten wir Geduld, aber schon um Mitternacht, zum Anbruch des neuen Jahres, waren wir ein Paar. Aus der Umarmung auf der Party wurde nämlich unversehens ein Kuss, ein langer, inniger Kuss. Deine Eltern waren hocherfreut, als du mich zum Neujahrsfrühstück mitbrachtest. Deine Mutter kochte noch mehr und noch hingebungsvoller, als Dank für Gott, dass er wieder einmal eingegriffen hatte. Du warst endlich an die Angel eines Kirchgängers gegangen, manche Gebete wurden eben doch erhört. Später ließ ich mir, als Verehrung für deine Mutter, Maria und dich, die *Glaube-Liebe-Hoffnung*-Symbole auf die Finger tätowieren und dein Geburtsdatum über die Brust. Und immer zum neuen Jahr lese ich dir die Passage vor, die Paulus schrieb:

Die Liebe ist langmütig und freundlich, die Liebe eifert nicht, die Liebe treibt nicht Mutwillen, sie bläht sich nicht auf, sie verhält sich nicht ungehörig, sie sucht nicht das Ihre, sie lässt sich nicht erbittern, sie rechnet das Böse nicht zu, sie freut sich nicht über die Ungerechtigkeit, sie freut sich aber an der Wahrheit; sie erträgt alles, sie glaubt alles, sie hofft alles, sie duldet alles. Die Liebe hört niemals auf, wo doch das prophetische Reden aufhören wird und das Zungenreden aufhören wird und die Erkenntnis aufhören wird. Denn unser Wissen ist Stückwerk und unser prophe-

tisches Reden ist Stückwerk. Wenn aber kommen wird das Vollkommene, so wird das Stückwerk aufhören. Als ich ein Kind war, da redete ich wie ein Kind und dachte wie ein Kind und war klug wie ein Kind; als ich aber ein Mann wurde, tat ich ab, was kindlich war. Wir sehen jetzt durch einen Spiegel ein dunkles Bild; dann aber von Angesicht zu Angesicht. Jetzt erkenne ich stückweise; dann aber werde ich erkennen, wie ich erkannt bin. Nun aber bleiben Glaube, Hoffnung, Liebe, diese drei; aber die Liebe ist die größte unter ihnen.

06

Wir standen am Rande eines kleinen Platzes im *Planten un Blomen*, wo jede Woche diese Gruppe von Leuten tanzte; klassischer Walzer. Während die Touristen stehen blieben und fasziniert das Szenario verfolgten, schaute ich eher skeptisch auf die Tänzer. Gewiss, sie beherrschten die Schrittfolgen und füllten sie mit Leben, die Bewegungen flossen, und in den richtigen Augenblicken hoben sie ihre Partner empor. Aber insgesamt konnte ich keine Verbindung zu diesem Tanz aufbauen. Walzer ließen mich unweigerlich an *Sissi* denken, diesen albernen Film. Als ich mich unter den Zuschauern umsah, warst du die Einzige, die eine ähnliche Zurückhaltung zeigte. Ich suchte deinen Blick und hoffte, eine Komplizin in dir zu finden.

Es war ein heißer Tag gewesen, und nach der Arbeit war ich hergeeilt, um hier endlich wieder einmal Nick zu treffen. Ich kannte ihn lange, sah ihn aber jetzt zum ersten Mal tanzen. Seine neue Freundin hatte ihn damit angesteckt, und da es mit ihr eine ernste Sache war, wurde das Tanzen zum festen Teil seines Lebens. Sie trainierten inzwischen für Wettbewerbe. Es gehörte viel Training dazu, bis es leicht und geschmeidig aussah.

Langsam ging ich um den Platz und stand dann rechts hinter dir, ich wollte in deiner Nähe sein. Nick grüßte von der Tanzfläche, doch nicht nur ich, sondern auch du winktest zurück. Wir sahen uns an. »Du kennst Nick?« Ich erklärte, dass er ein Freund von mir sei und mich gebeten habe, ihn hier abzuholen, wir wollten gleich noch einen Wein trinken gehen, um seinen Geburtstag nachzufeiern. »Dann sitzen wir im selben Boot.« Dein Lachen gefiel mir. Ich beugte mich zu dir herunter, kurz nachdem ein komplizierter Bossa Nova begonnen hatte, und flüsterte: »Das ist nicht so mein Ding.« Dein Kopfschütteln fiel heftiger aus, als ich erwartet hatte, es wirkte fast befreiend. Das war unsere erste Verbindung, wir waren uns einig in der Abneigung gegen den Standard-tanz und in der Zuneigung zu unseren Freunden.

In der kleinen Weinbar spielte das alles keine Rolle mehr, erstaunlicherweise waren außer Nick und seiner Partnerin nur zwei weitere Tänzer mitgekommen, die restlichen Leute stießen von woandersher dazu. Ada saß am gegenüberlie-genden Ende des Tisches. Nick war ihr Arzt, und da sie zu keinem Menschen eine sichere Distanz halten konnte, war sie schließlich auf seinem Geburtstag gelandet. Ada fragte selbst ihre Therapeutin regelmäßig zurück, wie es ihr denn so gehe. Ich deutete ihr an, dass ich mit dir flirten wolle, und sie hielt sich für den Rest des Abends dezent zurück. Ich eroberte schließlich den Platz neben dir, und wir wurden einander auch offiziell vorgestellt.

Der Kerl zu deiner anderen Seite trug ein *Fred-Perry*-Shirt wie ich. Das gleiche Kleidungsstück kann ganz unterschiedlich wirken, je nachdem, wer es trägt. *Fred Perry, Ben Sherman*, Desert und Chelsea Boots: All das kann bieder aussehen oder eben aufregend gut. Ich brauchte nur deinen Blick zu sehen, der von mir zu ihm und wieder zurück zu mir wanderte, um zu wissen, dass wir uns auch in diesem Punkt einig waren. Wir tuschelten über ihn und die anderen Gäste, fühlten uns überlegen mit unserem guten Geschmack und lachten gleichzeitig über unsere Arroganz, die wir natürlich nie offen zur Schau stellen würden. Es war eher ein Spiel; uns über die anderen zu erheben schweißte uns zusammen. Du bist ein Teufel.

Es wurde kalt, und ich zog meine Strickjacke aus und legte sie dir über die Schultern, du hast dankbar gelächelt. »Ist dir nicht kalt?« Ich verneinte die Frage und versuchte, mein Zittern zu unterdrücken. Natürlich war mir kalt, aber besser, als wenn dir kalt war, warum solltest du frieren? Wir hatten uns verbündet, dann war ich im richtigen Moment aufmerksam und selbstlos gewesen, vielleicht hat das dein Herz geöffnet. Jedenfalls war es wie ein unausgesprochener Pakt: Du musstest nie wieder frieren, und ich habe nie wieder so gern gefroren wie für dich.

Zuerst nahte aber der Sommer, den man schon spürte. Ein *Summer of Love*. Wir gingen tanzen, nicht in den Park, sondern auf die seltsamen Partys, wo man zusammen und zugleich getrennt tanzt, mit geschlossenen Augen und sich ab und zu küssend. Am liebsten tanzten wir aber nachts in deiner Wohnung. Auf die erste Tanzfläche, auf der ich seit vielen Jahren stand, hattest du mich mitgenommen, nach

dem ersten Whisky-Cola hattest du mich mit ausgestreck-
tem Arm auf die Tanzfläche gezogen. Es war eine skurrile
Situation, am frühen Morgen auf einem Partyschiff, der Aus-
klang einer Technoparty. Ada hatte uns unabhängig voneinander dort hingelockt, und wir waren beide widerwillig ge-
folgt. An Männern, die nur am Rand der Tanzfläche standen,
hattest du kein Interesse, und ich wollte, dass du Interesse
hast, und dafür hätte ich alles getan. Alles.

Bis heute würde ich alles mitmachen, alles außer einem
Tanzkurs. Das ginge dann doch zu weit, ganz *Planten un
Blomen* würde sich zu Recht gegen uns verbünden und uns
verspotten: *Diese da, erst machen sie sich lustig, und jetzt? Sie
haben sich gefunden, und schon tanzen sie Paartänze.* Nick
zog mich damit manchmal auf. »Wer nicht tanzen kann, der
kann seine Frau auch nicht führen.« Ich schüttelte vehement
den Kopf und erklärte ihm, wie furchtbar diese Walzermusik
war. »Kannst du dir wirklich nicht vorstellen, gemeinsam
von einer Melodie getragen zu werden? Wenn ihr getrennt
tanzt, warum dann überhaupt?« Ich fand keine schlüssigen
Argumente, aber selbst mit Tango konnte ich nichts anfangen.
Die Tänzer nachts auf einem dieser Plätze am Mittelmeer
zu beobachten war wundervoll, aber ich selbst? Nein, es berührte mich peinlich, ich versteinerte schon beim Gedanken
daran. »Mit dir ist nichts anzufangen«, sagte Nick.

Aber schon in der ersten gemeinsamen Nacht tanzten
wird dann doch zu *Lana del Rey* im Mondlicht durch dein
Apartment. Wir tanzten eng umschlungen, intuitiv, ohne
eine Schrittfolge zu beherrschen. Ich wollte das nicht vorher

lernen. Ich wollte dir einfach folgen, deinen Bewegungen. *Lana* und die Liebe erzeugten die Tanzschritte, auch der Alkohol, und das reichte uns. Den Geschmack von Averna im Mund, schon wenig bekleidet, du vielleicht in meinem Hemd, und langsam öffneten sich die Knöpfe. So hatte es begonnen. Genau so.

07

In Frankreich würde es ein siebtes Kapitel nicht geben, auch Hotelzimmer mit der Nummer sieben nicht. Der Aberglaube ist stark. Wir saßen erstaunlicherweise im Waggon 7 eines *Thalis*, jenes Zuges, der von Köln nach Paris fährt. Jedenfalls wollte es der Zufall, nicht der Aberglaube, dass wir nebeneinandersaßen, du am Fenster und ich am Gang, in Fahrtrichtung und am frühen Morgen. Beide hatten wir uns, passend zum Ziel, ein Croissant geholt und einen *grand crème*. Manchmal reichen drei Stunden, um ein Paar zu werden, eingestiegen sind wir jedenfalls als Singles.

Ich war noch nie in der französischen Hauptstadt gewesen, wollte aber endlich einmal dorthin. Von Köln aus erreicht man sie schnell. Ada hatte eine kleine Wohnung in Paris, in der sie ab und zu Zeit verbrachte und die ansonsten untervermietet wurde. Eine Tante aus Südfrankreich bezahlte das Apartment. Ada verkehrte längst in den Künstlerkreisen der Stadt, obwohl sie sich gar nicht so oft dort aufhielt, sondern meistens in Hamburg. Sie hatte mir einfach den Schlüssel in die Hand gedrückt und mir viel Freude gewünscht.

Im Zug hast du dich erst einmal eingerichtet, den kleinen Tisch ausgeklappt, das Croissant aus der Tüte genommen, und die Gemeinsamkeit reichte schon für Smalltalk, der uns sofort misslang. »Paris ist eine kalte Stadt, findest du nicht?« Ich stellte mir vor, dass man dort umfallen und eine Woche lang tot am Straßenrand liegen konnte, ohne dass es jemand bemerkte. Dein Nicken beruhigte mich. »Ja, aber die Schönheit ist eine kalte Angelegenheit, so steht es in *Lob des Schattens*. Kennst du das?« Ich hatte nie davon gehört. »Ich jedenfalls fahre in die Stadt der Liebe und hoffe, dass ich lebendig zurückkehre!« Wir lachten darüber und ließen die Unverträglichkeit unserer Thesen einfach in der Luft hängen. Paris war schließlich auch eine intellektuelle Stadt, und im Kopf konnten Widersprüche unaufgelöst weiterexistieren. Wir ahnten beide nicht, *wie* lebendig wir zurückkehren würden. Wir sprachen von Beginn miteinander, als wären wir füreinander gemacht. Wenn man das auf einer Reise nach Paris feststellt, dann bildet man sich nachher so viel darauf ein, dass man die Geschichte entweder zu oft oder gar nicht erzählen will. »Die haben sich im Zug nach Paris kennengelernt, wie romantisch.« Dabei warst du gar keine Romantikerin, erst diese Bahnfahrt machte dich dazu.

Wenn so ein Schnellzug mit dreihundert Kilometern pro Stunde dahinrast, immer in Richtung der Stadt der Liebe, dann hat das auf seine Insassen natürlich eine gewisse Wirkung. Du anziehend wie eh und je, ich in einem schwarzen, kragenlosen Hemd, der heiße Sommer, dein Lächeln und die fallenden Haare, Beine, die sich berührten ... Das Catering im Zug bereits französisch, noch vor Mittag einen kalten Weißwein, und schon ist man verloren und hingegeben. Warum auch nicht? Ich kann vieles behaupten, aber nicht, dass wir zögerlich waren. Nach einer Stunde sah es für andere Fahrgäste so aus, als seien wir ein Paar. Wir erkundigten uns vorsichtig danach, was der andere so vorhabe, nichts Besonderes, oh, ich auch nicht, wir könnten ja vielleicht, also erst mal etwas essen, okay? *Oui!* Kurz vor Paris sank dein Kopf dann so passend nach hinten, der Zug fuhr in eine leichte Kurve hinein, mein Griff in dein Haar öffnete einfach deinen Mund, und wir küssten uns, das war nur folgerichtig nach den Stunden der Nähe, nach der Fahrt durch die Hässlichkeiten der belgischen Provinz und bei all der Vorfreude auf Paris. Sich in der Bahn zu küssen ist gar nicht so einfach, aber der Zug war nicht voll, und deine Contenance ließ deutlich zu wünschen übrig. Meine sowieso, ich hatte in Bezug auf dich nie welche. (Ich arbeite heute allerdings daran.)

Ich möchte meinem Tagebuch hier, das die Variationen unserer gefahrlosen *Liaisons dangereuses* festhält, alles anvertrauen. Fast alles: unseren ersten Sex auf einer Bahnhofstoilette im Gare du Nord nur wenige Minuten nach der Ankunft ausgenommen. Manches muss der Erinnerung überlassen bleiben, unausgesprochen, selbst für mich. Gemessen an Paris können wir jedenfalls beschwören: Wir hatten zwar viel Sex, aber nur zu zweit — damit blieben wir im Rahmen einer normalen Verliebtheit. In Paris gibt es ganz andere Geschichten.

Dein kleines Hotel: Ob wir das in ein Doppelzimmer umwandeln könnten? Nein, das gehe nicht, ach. Der Concierge sah uns Verliebte an, und dann ging es doch. Die restlichen

Tage waren dann gänzlich zügellos und unbeherrscht. Mal saßen wir abends vor einem Glas Wein, mal tunkten wir morgens erschöpft ein Croissant in unseren *grand crème*, die Schlange vor dem *Louvre* war zu lang, und um elf Uhr war das Zimmer schon wieder gemacht, wir könnten dort kurz, was meinst du? Um fünf am Nachmittag hatten wir wieder Hunger und stromerten herum.

Die Rückfahrt nach Köln — es waren fünf Tage geworden statt nur zwei — war anstrengend für die anderen Fahrgäste, weil wir zu viel lachten und uns ständig küssten. Alle warteten darauf, dass wir endlich einschliefen. Ada empfing uns am Bahnsteig, sie war gerade aus einem anderen Zug gestiegen und hatte eine Woche als Gasttätowiererin in Köln vor sich. Ich gab ihr den Schlüssel zurück. »Ihr habt euch ernsthaft in Paris kennengelernt?« Sie lachte.

Das war vor sieben Jahren; seit sieben Jahren verliebt, und noch immer ist es kein verflixtes siebtes Jahr. Bei jedem Croissant, das wir essen, denken wir daran. Franzbrötchen essen wir auch, der misslungene Versuch der Hamburger Bäcker, Croissants zu backen, nachdem die Franzosen weg waren. Ein Versuch, der zwar misslang, dann aber selbst etwas Köstliches hervorbrachte. Wir sind keine Franzosen, weil uns Sex zu zweit ausreicht, sogar in Paris. Franzbrötchen oder lieber noch eine *brioche* im *Café Mimosa* in St. Pauli, auch dahin bringt mich oft ein Schnellzug, und wenn ich in Fahrtrichtung sitze und die Klimaanlage spüre, dann kommt die Erinnerung zurück. Sie steigt in mir auf, in Kreisbewegungen wie bei Marcel Proust, nur mit dem erfreulichen Unterschied, dass unsere Welt nicht verschwunden ist, sondern sie ist da, ganz Gegenwart. So hat es begonnen mit uns, genau so.

08

Ich saß an einem der kleinen Tische draußen vorm *Café Mimosa*. Die Kellnerin sah aus wie eine Vorstadt-Lolita, vielleicht Türkin oder Perserin, lange Fingernägel und ein rotes Kleid. Langsam ging sie von Tisch zu Tisch, ich war in die Zeitung vertieft. Ich las über John Coltrane, ein Interview mit seinem Sohn, der über Aufnahmen sprach, die im Schrank der Exfrau gefunden worden waren, aus den frühen 1960ern.

Am Tisch links neben mir saß eine Frau in rotem Poloshirt, hochgeschlossen, wie ich es liebte. Es war nicht von *Fred Perry*, doch mein Kopf projizierte ständig das Logo darauf. Vielleicht war es aber so auch schon perfekt, weil es nicht das klassische Shirt war, weil es anders war, dezenter, aus feinerem Stoff. Ich verglich das gedeckte Rot des Oberteils mit dem schrillen Rot der Kellnerin: welch ein Unterschied! Aber wenn ich ehrlich sein soll, war es die Frau, nicht die Farbe, die mich so faszinierte. Sie bestellte ihren zweiten Cappuccino mit Sojamilch. Auf dem Teller vor ihr lag eine *brioche*, eine Frau, die süß frühstückte also. Ich dachte an meine Vorliebe für Croissants, und insgeheim schloss ich einen stillen Pakt mit mir selbst. Aus manchen Vorlieben lassen sich heimliche Charakterlehren ableiten, davon war ich überzeugt. Wenn eine Frau, dann eine, die süß frühstückt!

Ich versuchte weiterzulesen. John Coltrane, die Ein-Mann-Universität des Saxophons, unveröffentlichte Aufnahmen. Aber in Gedanken war ich augenblicklich wieder bei ihr, dieser schönen Frau, die nun begann zu telefonieren. Ich legte die Zeitung weg, was sie sofort auf sich bezog, sie zeigte fragend auf ihr Telefon, wollte mich offenbar nicht beim Lesen stören. Es war ein öffentliches Café, ein Ort der Geselligkeit, die Menschen sprachen miteinander, Autos fuhren vorbei. Keiner musste sich hier entschuldigen. Dass sie es dennoch tat, fand ich außerordentlich aufmerksam, gleichzeitig machte es mich nervös, dass sie sich mir zuwandte, ich nickte, schüttelte den Kopf, nickte wieder, fuchtelte mit der Zeitung herum und wollte mit diesen wirren Gesten signalisieren, sie solle doch bitte weitertelefonieren. Das tat sie auch, beendete das Gespräch aber wenig später.

Die entstandene Stille setzte mich unter Zugzwang, es war unmöglich, einfach wieder zur Zeitung zu greifen. »Du hast LPs in deinem Beutel, richtig?« Ich deutete auf ihre Tasche, die die Aufschrift *I AM DAMO SUZUKI* zierte, der Beutel eines Kölner Plattenladens, über den ich einmal etwas geschrieben hatte. »Ja, die habe ich eben gekauft.« Sie zog zwei Singles von Coltrane aus dem Beutel. Ich musste lächeln, zeigte ihr, was ich gerade gelesen hatte, und hielt einen Stegreifvortrag über Coltrane, während sie fein säuberlich ein Stück der *brioche* abbrach, es in ihren Mund schob und geduldig zuhörte. Ich redete zu viel, aber das war die Nervosität. Ich wollte verhindern, dass sie aufbrach, jetzt wo auch ihr zweiter Cappuccino zur Neige ging.

Ich machte ihr schließlich ein Kompliment für das Poloshirt, und sie lachte, weil sie das heute schon öfter gehört hatte. In Gedanken zog ich sie längst aus, dabei wusste ich nicht einmal ihren Namen, sondern nur, was auf ihrem Plattenteller lag. Ich fragte, in welchem Plattenladen sie gewesen sei, und sie meinte, er liege bei ihr um die Ecke, *Groove City*, der gegenüber dem *Lobby*-Skateshop. »Kennst du den Laden?« Ja, ich kannte ihn. Der Skateshop gehörte dem Freund meiner Freundin Ada, und oft saß ich dort auf dem Sofa, um die neuen *Adidas*-Sondermodelle zu bewundern. Ich erzählte ihr davon, und sie nickte, als säße auch sie manchmal dort, aber die Vorstellung, sie könne Turnschuhe tragen, irritierte mich.

Dann sah sie auf ihr Telefon und deutete an, dass sie losmüsse. Ich wurde hektisch, mir fiel nichts Angemessenes ein, was ich hätte sagen können, um sie aufzuhalten. »Bist du hier öfter?« Mir war die Abgedroschenheit dieses Satzes bewusst, so eroberte man keine Frau, die Jazzmusik der späten 1950er-Jahre hörte. Schon gar nicht derart underdressed, wie ich es war, in meinen *Adidas*-Schuhen und dem weißen T-Shirt. Ich ärgerte mich, dass ich nicht besser gekleidet war, als hätte ich ein Rendezvous dadurch verdorben. Nicht einmal unüberlegt rausgehen konnte man als Single, immer ging es schief, sobald eine anziehende Frau ins Bild lief. »Wenn du morgen wieder einen Kaffee mit mir hier trinkst, dann ziehe ich für dich ein *Fred-Perry*-Shirt an!«, rief ich verzweifelt. Sie lachte. »Und du glaubst, dass mich das beeindruckt? In Ordnung, also morgen?« Ich nickte. »Um wie viel Uhr?« »Ich komme kurz vor der Arbeit.« Sie stand auf. Noch im 19. Jahrhundert hätte man einer Frau wie dieser einen Handkuss gegeben. Ich stand ebenfalls auf, obwohl das etwas albern war, aber sie lächelte und verschwand.

Und so saßen wir Tag für Tag morgens eine Viertelstunde in dem kleinen Café, sie fuhr anschließend in eine Agentur, und ich kehrte wieder in mein Büro an der Hochschule zurück. Ich kaufte mir in diesen Tagen extra neue Kleidung, um mit ihrem guten Stil mithalten zu können, darunter ein zweites schwarzes *Fred-Perry*-Shirt, ein kragenloses Hemd sowie ein klassisches Button-Down-Hemd von *Ben Sherman*. Mein Konto war leer, ich bemühte mich, die neuen Sachen so zu tragen, als sei es für mich ganz natürlich, gut auszusehen. Dabei war ich die letzten Jahre mit drei weißen und drei schwarzen T-Shirts ausgekommen, über die ich mein Sakko zog. Neil Gaiman kleidete sich ähnlich und hatte Amanda Palmer erobert, ich konnte also nicht gänzlich falsch liegen.

Linh — am zweiten Morgen verriet sie mir ihren Namen — reagierte auf meine Kleidung nie direkt, sagte aber unerwartet, zwischen zwei Sätzen zu einem anderen Thema, schlicht: »Dein Hemd!«, und schmunzelte. Ich gewöhnte mich schnell an ihre Eleganz und Diskretion. Mir erschienen die anderen Menschen bald wie ungehobelte Klötze, wie Angeber und Wichtigtuer. Sie erfreute sich an Details, meinen Manschettenknöpfen, die einen kleinen Plattenspieler zeigten, meinem Holzbleistift, der fein duftete, der Art, wie ich meine Hände bewegte (darüber hatte ich nie nachgedacht). Ich lag nachts nervös wach, hoffte, sie würde auch am nächsten Morgen wieder ins Café kommen. Ich legte mir feine, aber zurückhaltende Kleidung auf den Stuhl vor meinem Schreibtisch zurecht; morgens, weniger sicher, entschied ich mich aber noch mal um. Ich würde sie nicht nach ihrer Telefonnummer fragen, sie nicht einladen, nichts tun, was übereifrig erscheinen konnte.

Ich war verwundert über meine Geduld, der Schwebezustand gefiel mir. Es waren nur fünfzehn Minuten, aber sie wiederholten sich Tag für Tag, und ich wünschte, diese Treffen würden niemals enden. Es war nicht alltäglich, dass eine Frau mich in ihren Bann zog. Diese morgendliche Viertelstunde wurde zu etwas, das beständig in mir wuchs. Die Liebe beginnt nicht immer auf den ersten Blick, kein Blitz schlug ein. Vielleicht war das generell ein Märchen, dieses plötzliche Überwältigtsein. Bei uns war es ganz anders: Ein ruhiger Wind hob an. Und fing an, einen zu wärmen. Es fehlte etwas, wenn es diese kurzen Begegnungen, diese wenigen Worte und Blicke nicht gab. Die Wochenenden erschienen mir daher trister. Ich ging vorbei am Café, aber sie war nicht dort. Wie schön wäre es gewesen, länger mit ihr hier zu sitzen! Wie lange wir wohl bleiben würden? Sonntagnachts lag ich aufgeregt im Bett, am nächsten Tag würde ich sie wiedersehen. Würde sie auch dort sein? Und so freute ich mich über lange vier Wochen immer wieder auf den Montag; immer wieder hoffte ich, sie zu treffen. Und ja, sie war dort.

Meine still gewachsene Sehnsucht erriet sie aber wohl

irgendwann. An einem Freitag überraschte sie mich. In beiläufigem Ton sagte sie: »Kommst du morgen Abend zu mir zum Essen? Ich will Vietnamesisch kochen.« Ich sagte überschwänglich zu, gleichzeitig klang in mir aber schon die wütende Stimme von Nick, mit dem ich mich seit Monaten versuchte zu verabreden und nun endlich einen Termin gefunden hatte. Sobald Linh sich verabschiedet hatte, rief ich ihn an. »Nick, ich kann morgen Abend nicht. Ich habe das schönste Mädchen des Universums getroffen, und sie hat mich zu sich nach Hause eingeladen!« Ich hielt den Hörer vorsichtshalber etwas weiter vom Ohr weg, ich fürchtete, er würde sofort losfluchen. Das Donnerwetter blieb aus. »Seit wann triffst du dich mit Frauen? Du hast doch sonst nur Augen für deine Arbeit.« Ich erklärte ihm, dass ich einfach neben ihr gesessen hatte, eine Art Zufall oder Fügung, nun aber nicht mehr zurückwollte. »Immerhin entdeckst selbst du noch die Frauen, es hat lange genug gedauert!« Er war nicht verärgert, dass ich ihm absagte, eher erleichtert — wie ein älterer Bruder, der sich um einen sorgte. »Versau es jetzt nicht! Dass du mich für eine Frau versetzt, oh Mann, schön, dass ich das noch erleben darf!«

Ich hatte meine *Dr.-Marten*-Halbschuhe geputzt und gewienert, bis sie glänzten. Ich zog sie im Flur aus, weil schon die erste Anmutung ihrer Wohnung das verlangte. Sie trug ein einfaches weißes T-Shirt, eine Jeans und erstmals eine Brille, ihre Haare waren offen. Ich war zu schick. Mit zwei Gläsern Wein setzten wir uns auf den Boden, das schlechte Wetter verdunkelte den Raum, vielleicht musste ich nun der mutigste Mensch der Welt sein. »Ich lege noch eine Platte auf«, sagte sie, »warte.« Ich wartete nicht, griff in ihr Haar, bog ihren Kopf nach hinten und küsste sie. Ich hatte mit vielem gerechnet, aber nicht, dass sie sich sofort um mich schlingen, auf meinen Schoß rutschen, mich leidenschaftlich küssen und die oberen Knöpfe meines Hemdes öffnen würde. »Du warst vier Wochen geduldig, das hat mich beeindruckt.« Sie schaute mich an. »Du warst zurückhaltend *für mich*. Du hast nicht den ersten Schritt gemacht. Das war ein Geschenk.«

Es wurde dunkel, und wir vergaßen das Essen, den Wein, Coltrane und die Platten, wir fanden uns und glitten ineinander und umschlangen uns und rissen aneinander, bogen uns, und es wurde irgendwann hell, und wir hatten kaum gesprochen, aber doch mehr, als man überhaupt spricht, wenn man sich so sehr findet. Jedenfalls war es kein Rausch gewesen, sondern nur rauschhaft, wir hatten gewusst, was wir taten, ich war nicht der Einzige gewesen, der sein Gegenüber gedanklich schon im Café ausgezogen hatte.

Und so hatte es begonnen. Mit Coltrane und einer *brioche*, mit einer Zeitung und einem roten Poloshirt, mit meiner Shoppingtour für einen 15-Minuten-Kaffee am Morgen, mit deiner lässigen Eleganz und meinem Versuch, kein ungehobelter Klotz zu sein, dich nicht zu überrumpeln, zumindest nicht, bevor du mich in dein Reich einludst und wir auf dem Teppich saßen und unsere Zurückhaltung vergaßen, bis wir endlich, endlich am Ziel waren.

09

Seit einigen Jahren schrieb ich Bücher. Inzwischen war damit sogar das seltene Glück verbunden, davon leben zu können. Ich wohnte allein am Rande einer großen Stadt, die im Sommer leuchtete, im Winter aber trist und rau war. An der Hochschule hatte ich noch ein kleines Büro, aber damit waren kaum Verpflichtungen verbunden. Nach meiner Kündigung hatte man es mir überlassen, ab und zu war ich als Gastdozent tätig, und die Uni freute sich, wenn sie mich in ihrem Presseverteiler erwähnen konnte.

Die Arbeit als Schriftsteller ist alles andere als aufregend. Ich stehe morgens auf, übe mich im Zazen, damit mein Geist ruhiger wird, trinke Tee und esse Haferflocken mit Obst und Sojajoghurt. Um acht Uhr setze ich mich an den Schreibtisch, arbeite bis zum Espresso um zehn, lese etwas, höre die erste Seite einer *Beatles*-LP und schreibe dann bis zum Mittag. Nach dem Essen lese ich die Zeitungen. Vor dem 3-Uhr-Tee fahre ich Rennrad, dann schreibe ich weiter. Abends höre ich Jazz, trinke Wein oder gehe spazieren. Mein Verlag bekommt meine Texte per Mail, und das ist etwas traurig. Ein Kapitel oder ein Manuskript abzugeben hat kaum noch einen Zauber. Ein Klick, keine persönliche Übergabe.

Die Lektoratsassistentin meldete mir eines Tages, es gebe Veränderungen, der Verlag arbeite inzwischen mit externen Grafikern und Setzern, und es sei für mich einfacher, wenn ich diese vielleicht einmal kennenlernte. Ich hatte kein Interesse, stimmte aber schließlich murrend zu, dass man meine Mailadresse weitergeben könne.

Als mein neues Buch, eine Sammlung von 32 Variationen darüber, wie mein Protagonist seine Frau kennengelernt hatte, in Satz ging, bekam ich plötzlich eine Mail von einer Person, deren Name mich irritierte. Ich wusste weder, wie dieser Name ausgesprochen wurde, noch, ob es sich um einen Mann oder eine Frau handelte. Zum Glück bat er oder sie aber nicht um ein Telefonat. Stattdessen waren seine oder ihre Zeilen ungewöhnlich akribisch, sie enthielten lauter Details, die ich nicht verstand. Ich schrieb doch nur Texte und kümmerte mich nicht um ihr Aussehen, ich änderte kaum die Voreinstellungen des einschlägigen Textverarbeitungsprogramms. Ich vergrößerte lediglich die Schrift und den Zeilenabstand, um einer Lesebrille zu entgehen, und machte den Rand für die Korrekturen breiter. Die Grafikerin — ich dachte mir inzwischen, es müsse eine Frau sein — wies mich auf inkorrekte Anführungszeichen und den falschen Umgang mit dem Binde- und dem Gedankenstrich hin, bat darum, den Blocksatz auszuschalten, und gab noch allerhand andere Anweisungen, die mich überforderten. Ich war pikiert. Was fiel der Dame ein? War das nicht ihr Job?

Meine Lektorin beruhigte mich. Linh, sie wusste wie man den vollständigen Namen aussprach, meine es nur gut. Sie sei eine der besten Buchgestalterinnen und bekomme Preise für die Bücher, die sie ausstattete. Nun gut, ich mochte es, wenn meine Bücher gut aussahen. Aber dafür wollte ich keine gesonderte Ausbildung machen, ich war nicht Friedrich Forssman, der schreiben *und* gestalten konnte. Wenn ich sie persönlich gesprochen hätte, wäre mein Unmut schnell verpufft. Ich wollte aber nicht aus meiner Komfortzone heraus und antwortete deshalb nur zurückhaltend auf ihre belehrenden Mails. Ihr Nachname klang schon wie eine Kampfsportart, und ich glaubte mich im Hintertreffen, dabei war *ich* doch der Autor.

Die Buchmesse nahte, kurz vorher würde mein Buch erscheinen, und bis dahin triezte mich die Kämpferin mit weiteren Nachrichten. Zum ersten Mal verfluchte ich meinen Job und drohte ihr, mein nächstes Manuskript in Handschrift abzugeben, dann könne sie es abschreiben. Ihre Antwort überraschte mich: Dagegen habe sie nichts, meine Handschrift kenne sie, sie sei unüblich ansprechend für die eines Mannes, und da sie meine Texte möge (und auch tatsächlich kannte), sei es eine besondere Form der Aneignung, sie abzuschreiben. Auf einmal wandelte sich meine Stimmung, ich war seltsam beschwingt. So ein Kompliment hatte mich lange nicht erreicht.

Ich suchte sie auf der Stelle auf Facebook und stellte eine Freundschaftsanfrage. Als ich ihr Profilfoto sah, wurde ich nervös. Es war ein Schwarz-Weiß-Bild. Sie hatte sich vor einem Spiegel fotografiert, der sie perfekt rahmte. Schwarze Kleidung, der Blick undurchdringlich, hinter ihr an der Wand ein formvollendetes Fahrrad. Mit *dieser* Frau mailte ich schon seit einigen Wochen! Ich rief im Verlag an und sagte scheinbar beiläufig, es sei wohl doch besser, wenn ich die Grafikerin kennenlernen würde. »Du hast ihr Profilfoto gesehen.« Die Lektorin kannte mich. Es war im Übrigen ein einseitiges Verhältnis: Sie kannte alle meine Texte, also mein Innerstes, ich hingegen wusste wenig über sie. Und genauso verhält es sich mit den Lesern, sie alle kennen mich, aber ich kenne sie nicht. Das Leben als Schriftsteller hat seltsame Seiten.

Die Buchmesse begann. Am Stand wurde mein neues Werk präsentiert, und jeder, wirklich jeder, mit dem ich sprach, lobte seine außergewöhnlich gelungene Gestaltung. Viele glauben, dass Autoren ihre Bücher als Gesamtpaket entwerfen, und verstehen nicht, wie arbeitsteilig der Prozess ist. Ich schwärmte von der neuen Grafikerin, der ich am Abend beim Verlagsfest endlich begegnen würde. »Sie müssen ein Herz und eine Seele sein, wenn solche Bücher dabei herauskommen, oder nicht? Wie haben Sie sich kennengelernt?«, fragte mich eine ältere Buchhändlerin. Ich wechselte abrupt das Thema: »Sie haben außerordentlich schöne Schuhe an, ich sollte mal etwas über gute Schuhe schreiben!« Sie fühlte sich geschmeichelt und bohrte nicht weiter nach. Ich ärgerte mich über mich selbst, weil ich mir bislang keine Mühe gemacht hatte, die Frau, die meine Bücher in Form brachte, kennenzulernen. Ada, die meine Bücher nie las, sondern immer nur ihre Gestaltung kommentierte, hatte die Namen der Grafiker stets präsent und brachte alles Mögliche über sie in Erfahrung. Für Ada waren das *ihre* neuen Bücher, nicht *meine*. Ich war mit ihr darüber schon mal in Streit geraten. »Ja, ja, du hast recht«, hatte sie abgewehrt und natürlich nichts an ihrer Sichtweise geändert. »Zeigst du mir mal die anderen Bücher, die diese Linh gestaltet hat? Für welche Verlage arbeitet sie?«

Ein paar Stunden später lag ich erschöpft im Hotelbett, als es an meiner Tür klopfte. Ich sprang auf, zog ein weißes Unterhemd über den Kopf und meine karierte Schlafanzughose an, das musste für den Zimmerservice ausreichen. Ich öffnete die Tür einen Spalt breit. Vor mir stand Linh! In einem umwerfenden Kleid und auf hohen Absätzen, ein grüner Jadereifen um das Handgelenk, die schwarzen Haare offen, sie fielen ihr bis auf die Schultern. Ihr Lächeln war eher ein Lachen, ich war nicht imstande, angemessen zu reagieren, und stammelte eine Begrüßung. »Sie sind also der Autor! Ich habe Ihr Buch gestaltet. Darf ich kurz reinkommen?« Ich schämte mich wegen meiner unsäglichen Aufmachung, öffnete ihr aber trotzdem die Tür. »Eigentlich nicht, also ich …« Sie setzte sich auf die Bettkante, schlug die Beine übereinander und schaute mich an wie eine Spinne, die ihre Beute fixierte. Die Gegenwart einer solchen Frau hemmte mich, und sosehr ich mich auch bemühte, mich lässig zu geben und ein Gespräch in Gang zu bringen, war ich eigentlich sprachlos. Ihre Bewegungen waren geschmeidig und doch voller Bestimmtheit, ihr Selbstbewusstsein übertraf meines um Längen, und meine unangemessene Kleidung verstärkte diese Ungleichheit. Gleichzeitig überraschte mich das Gefühl, ihr gern ausgeliefert zu sein. Wenn sogar die Unterlegenheit einen Reiz ausübte, dann hatte wirklich ein großes Ereignis mein Hotelzimmer gekapert.

Meine Romanfiguren würden freilich souveräner reagieren, das war ja das Schöne am Schreiben. Ich stellte mir also vor, wie mein Held, gut gebaut und am ganzen Körper tätowiert, im Unterhemd oder offenem weißen Herrenhemd die Tür öffnete, um einer unwiderstehlichen Frau Einlass zu gewähren, und so weiter und so weiter, ich dachte an einen *Lana-del-Rey*-Song. *Blue Jeans, white shirt* ... Der Mann hätte ausgesehen wie Nick Cave, nicht wie ich. Ich schüttelte den Kopf über meine Fantasien. »Schreibt Ihr Kopf Geschichten?«, fragte die Grafikerin, als könne sie meine Gedanken lesen. Ich suchte nach einer cleveren Antwort, aber dann entschied ich mich für die Wahrheit, es gab ohnehin nichts mehr zu verlieren. »Ja, ich wünschte, ich wäre in diesem Augenblick einer meiner Protagonisten, charismatisch und schlagfertig. Ich sollte etwas zu Ihrer Gestaltung meines Buches sagen. Aber, nun, ich muss etwas anderes zuerst sagen und mich schon jetzt dafür entschuldigen: Sie sind sehr attraktiv.« Das Wort fasste es nicht, aber mir fiel kein anderes ein. Es ging keineswegs nur um ihre Schönheit. Es gab etwas an ihrer Art, das mich stark anzog, mich weich machte und fast verzauberte. Nicht die richtigen Worte zu finden, zumindest nicht im entscheidenden Moment, ärgerte mich. Autoren sind schließlich dafür zuständig, treffende Worte zu finden.

Sie hatte meine Wortfindungsstörung wohl bemerkt und schmunzelte. Dann sagte sie ausweichend, ihr gefielen meine Bücher so sehr, dass sie mich vorm offiziellen Teil des

Abends kurz hätte sehen wollen. Keiner sollte unsere erste Begegnung stören. Sie erzählte mir von Ada, ihrer russischen Tätowiererin, die sie zu dieser Aktion ermutigt habe. So stellte ich mir Tätowiererinnen vor, frank und frei. Ich hatte selbst lange ein Tätowierter sein wollen. Aber stets verwarf ich meine Pläne mit diffusen Ausreden, in Wirklichkeit hatte ich einfach nur Angst vor dem Schmerz und meinem instabilen Kreislauf. Ich hatte, ehrlich gesagt, auch Angst vor Tätowierern. Meine Romanfiguren waren tätowiert, zum Teil sogar stark, aber das war nichts anderes als der Ausdruck meines eigenen Wunschtraums. »Wir haben noch eine Stunde, dann müssen wir zum Empfang«, unterbrach sie meine Gedanken.

Mir kam endlich die rettende Idee. Ich rief den Zimmerservice an und bestellte zwei Gläser Weißwein und zwei Averna, das würde mir die Befangenheit nehmen. Du hast gelächelt, und ich meinte, einen Anflug von Triumph in deinem Blick zu erkennen. Du habest dir das alles so ausgemalt, gestandest du mir später, aber es war überwältigender, als dein Kopf es sich zurechtgelegt hatte und als ich es je in einer meiner Geschichten hätte erfinden können. Vielleicht war das deine Absicht: die Fiktion zu übertreffen. Mir zu zeigen, wie aufregend die Realität sein konnte. Ich nahm meine Sachen, entschuldigte mich, verschwand im Badezimmer und verwandelte mich in einen stattlichen Mann im Anzug. Ich krempelte mein weißes Hemd hoch, band mir die graue Fliege um den Hals, legte Parfum auf und ging, endlich angemessen gekleidet, zurück in den Raum. Inzwischen hatte der Zimmerservice die Getränke gebracht, auf einem kleinen Rollwagen, zusammen mit einer Schale Mandeln, Oliven, Birnenstücken und etwas zu dicken Kartoffelchips. Du hieltest mir den Averna entgegen, und wir stießen an. Endlich standen sich der Textproduzent und die Formgeberin auf Augenhöhe gegenüber, es war überfällig. Die Gespräche zuvor am Messestand hatten mir das klargemacht. »Auf uns!« Ich zuckte zusammen, warum hatte ich das gesagt? Die Intuition übernahm die Führung. Du hast gezögert, mich angegrinst, und wir tranken.

Wir gingen nicht zum Verlagsempfang, wir tranken weiter Averna, der Kellner lachte kurz, als ich eine ganze Flasche bestellte. Den Anzug hast du mir irgendwann in dieser Nacht wieder ausgezogen und ich dir das Kleid. Wir sprachen nicht über meine Romane und nicht über Buchgestaltung. Wir sprachen gar nicht, sondern liebten uns. Die Realität übertraf jede Geschichte, obwohl es sich anhört, als sei es erfunden. Hier aber spielt die Fiktion einmal keine Rolle. Ich kann nur beteuern, wie es war. Diese Geschichte brachte ich nie zu Papier, und du musstest sie nie setzen. Einige Male hatte ich es zwar versucht, du hattest dir das sogar gewünscht, aber nicht alles passt in einen Text. Es gibt Grenzen des Schreibens. Aber so hatte es nun mal mit uns begonnen, genau so.

10

Lernten wir uns in einem dieser Bummelzüge kennen, die dich zu deinen und mich zu meinen Eltern brachten? Sie hielten in jedem Kaff, in den Waggons skurrile Gestalten. Junggesellenabschiede auf dem Weg in die große Stadt, singende Mädchen, lärmende Jungs und sich beschwerende Rentner, Schwarze in coolen rot-gelben *Nike*-Sneakern und die Dame mit Hündchen, ein Schaffner, dem die Ausländerfeindlichkeit auf die Stirn geschrieben stand. Jede Stunde kam so ein Zug in den kleinen Bahnhof geschlichen.

Der Kiosk am Bahnsteig war schon lange geschlossen. Zur Schulzeit der Eltern wurden dort Frikadellen verkauft, von der Erna oder Emma, Lieschen oder Lieselotte. Damals hieß es noch nicht Kiosk, und der Service Point war noch nicht erfunden, es wurden Blümchenkaffee und Korn verkauft, Schnaps, den es heute in keinem Hipstercafé gibt, und auch wenn man heute alles über Gin weiß, wer weiß noch, woraus Korn überhaupt ist? Einen Doppelkorn nahmen die Leute damals, ein Fleischwurstbrötchen oder nur ein warmes großes Stück Fleischwurst, wer es sich leisten konnte.

In so einer Bummelbahn hätte ich dich vielleicht vor Rabauken gerettet. Ich, der sich gar nicht prügeln kann, aber furchtbar aggressiv wird, wenn die Ehre eines Menschen in Gefahr ist; ich bin eben doch Italiener wie mein Ururgroßvater, ein Drachentöter. Wenn davon noch Spuren übrig sein sollten, würde ich mir etwas darauf einbilden, aber sicher bin ich mir nicht. Jedenfalls wäre ich vielleicht in einem der alten Vierersitze versunken, und du hättest mir gegenübergesessen und die PAGE gelesen, eine Zeitschrift, die ich zu diesem Zeitpunkt noch gar nicht kannte. Vielleicht hätte ich mich getraut, dich zu fragen, was du da liest. Du hättest ein bisschen von oben herab gesagt, dass du studieren willst oder schon studierst. Ich hätte nicht studiert und wäre sofort eingeschüchtert gewesen. Wie ein Schutzschild hätte ich deshalb einen dicken Wälzer vor mich gehalten. »Du liest Thomas Mann?«, hättest du gefragt, und ich hätte gelogen: »Ja, jeden Tag zwanzig Seiten.« Das Lesezeichen hätte ich auf Seite 790 gesteckt, obwohl ich erst auf Seite 23 war, und natürlich hätte ich nichts über den *Zauberberg* sagen können, hättest du weitergefragt, denn da waren ja noch nicht einmal sämtliche Figuren der Geschichte eingeführt. Aber du hättest dich ohnehin gleich wieder in die PAGE vertieft, auf dem Cover hätten Titel und Thesen gestanden, die ich nicht verstanden hätte, du aber halbwegs, und in ein paar Semestern hättest du alles davon verstanden, während ich die *Jahrestage* gelesen hätte oder Sartre oder Camus. Ich hätte nicht verstanden, was ich las, wollte aber schon damals, in der Provinz, jemand sein, der solche Autoren kennt. Manche Lesekarriere beginnt mit Angeberei.

Was erzähle ich Regionalbahngeschichten aus der Provinz? Zwar wuchsen wir beide da auf, aber wir lernten uns nicht dort kennen. Und hätten wir uns doch dort kennengelernt (du im Slipknot-Shirt mit Halsband, ich als Hippie in Birkenstock, Neil Young hörend), ich glaube, das wäre nie was geworden. Kannst du dir uns vorstellen, ein Haus auf dem Land, zwei Kinder und ein Hund, weil Leonie (die Jüngste) sich so sehr einen gewünscht hat, und du musst das alles versorgen, während ich arbeiten gehe — ich bin Ingenieur — und abends in der Kneipe mit meinen Kollegen herumstehe und über den neuen Audi A6 rede, aber erstmal einen neuen Rasenmäher kaufe? Es wäre für viele ein Paradies, aber wir hätten nicht das Glück gefunden, sondern nur ein gewöhnliches Leben.

In die Provinz kommen wir nur zu Besuch, dann nehmen wir den Bummelzug und blicken hinaus und sagen, schau, wie schön, dieser See, ich glaube, meine Mutter hat da schwimmen gelernt, und mein Großvater lief dort Schlittschuh, und einer seiner Klassenkameraden ist im Winter eingebrochen und ertrunken, das war schlimm. Und dessen älterer Bruder musste in den Krieg und starb schon ganz am Anfang, nicht als Held, sondern einfach tot war er. Die Urgroßmutter, die hinten in dem Haus wohnte, hatte gleich beide Kinder verloren, Schicksale gibt es. Das ist weniger beeindruckend, wenn man die Geschichte deiner Mutter bedenkt und den göttlichen Eingriff, die Rettung nach sechs Tagen, sechs Tage hat hier auf dem Land keiner hungern müssen nach dem Krieg. Auch meine Großeltern kannten keinen Hunger, nur Armut.

Selbst wenn ich eingestiegen wäre in die Bahn, dir gegenüber im Vierer, und du hättest ein Fachmagazin gelesen, aus uns wäre nichts geworden. Du wolltest einen Mann aus der Stadt, und ich hätte dich zwar attraktiv gefunden, wäre aber von deinem Studium eingeschüchtert gewesen. So eine hätte doch kein Interesse an jemandem wie mir gehabt. Du wärst einfach ausgestiegen, mit freundlichem Blick, aber auch einer gewissen Unlust, die Eltern zu besuchen, ja, man freut sich natürlich, aber was man verpasst in der Stadt, wenn man drei Tage wieder aufs Land muss! Ich wäre also allein in dem Vierersitz zurückgeblieben, du wärst draußen über den leeren Bahnsteig gehuscht, die Treppe hinunter, und weg wärst du gewesen.

So hätte es nicht begonnen. Nicht in einer Regionalbahn. Leute wie wir fahren ICE, am besten erster Klasse, am besten mit BahnCard 100. Hier wird man am Platz bedient und hat Beinfreiheit und WLAN und kann in der DB-Lounge an den großen Bahnhöfen duschen. Wir wären dann immer unterwegs, gefangen in einem Luxuszug.

11

Seit einigen Jahren arbeitete ich im Teeladen. Zuerst war es nur ein Aushilfsjob gewesen, aber jede Tätigkeit dringt mehr in die Seele ein, als man gemeinhin annimmt. Ich war unmerklich zum Tee-Mensch geworden, der immer genug, aber nie zu viel Tee in sich hat. Das bedeutete allerdings nicht, dass die Arbeit mir immer leicht von der Hand ging. Die meisten Kunden kauften Kräuteraufgüsse oder parfümiertes Zeug wie etwa Maracuja-Zwiebel-*Tee*. Mich ärgerte, was mit dem Wort *Tee* alles abgedeckt wurde, und sprach selbst nur davon, wenn es sich um grünen, schwarzen oder Oolong handelte. Alles andere verkaufte ich zwar auch, aber betrachtete es lediglich als Dienstleistung. Für einen Großteil der Kundschaft war ich daher nur der freundliche Verkäufer.

Aber es gab natürlich die anderen. Zum einen die Kenner, die echten Tee-Menschen, die an Besonderheiten interessiert waren und ein Gespür für Nuancen hatten. Dann die kultivierten Banausen, die immerhin guten Tee verschenkten und voller Einfühlungsvermögen waren für die, die beschenkt werden sollten. Also die Leute im wohlwollenden Umfeld der Tee-Menschen. Die dritte Gruppe bestand aus aufgeschlossenen Anfängern. Sie kamen in den Teeladen, weil sie sich für

Zen oder Buddhismus interessierten und wussten, dass man die ostasiatische Kultur nicht verstehen konnte, ohne deren Teekultur zu kennen. Tee war nicht nur Getränk und Heilmittel, er war der Zugang zu einer Welt, eine Haltung und ein Weg. Schließlich gab es noch die norddeutschen Ostfriesentee-Trinker, eine bodenständige, sympathische Kundengruppe, die jeden Monat eine Packung *Thiele Broken Altgold* kaufte.

Eines Tages betrat eine Asiatin den Laden, vorsichtig und respektvoll, sie trug eine Brille und einen hohen Zopf, öffnete aber schließlich ihr Haar, als wolle sie sich von etwas befreien. Das dezente Rot ihres Oberteils, eigentlich zu schick für diesen Anlass, leuchtete im Kontrast zu ihren schwarzen Haaren. Sie fiel auf. Ich überlegte, woher sie wohl stammte, und tippte auf Vietnam. Ich war mir zumindest sicher, dass sie keine Chinesin und keine Japanerin war, auch keine Thailänderin oder Indonesierin. Noch vor einigen Jahren wäre ich jedenfalls davon ausgegangen, dass sie zur Gruppe der Tee-Kenner zählte, nur weil sie Asiatin war. Mittlerweile hatte ich kapiert, dass diese Annahme genauso borniert war wie das Klischee, alle Schwarzen seien Rapper.

Die Frau kaufte dann tatsächlich gar keinen Tee für sich selbst, sondern war auf der Suche nach einem Geschenk, sagte sie, und ich beriet sie. Ich berichtete ihr von den unterschiedlichen Fermentationsverfahren in China und Japan, den Ländern, aus denen der hochwertigste Grüntee kam, und ließ sie an verschiedenen Sorten riechen. »Und aus welcher Tasse würde ich ...« Sie zögerte. Ich ging zum Regal und zeigte ihr die japanischen Schalen. Sie nahm eine davon in ihre feinen Hände und drehte sie behutsam hin und her. Als ich ihr dabei zuschaute, war ich nicht mehr sicher, ob sie nicht doch eine Teemeisterin inkognito war, jedenfalls waren ihre Bewegungen ruhig und vollendet.

Schließlich gab sie zu, dass es gar kein Geschenk sei, sondern dass sie selbst mit dem Teetrinken beginnen wolle. Ein Buch habe sie kürzlich auf die Idee gebracht, darin gehe es eigentlich um Kreativität, aber im letzten Kapitel beschreibe es die Teekultur als Möglichkeit, Halt zu finden in unseren hektischen Zeiten. Das Buch selbst kannte ich zwar nicht, aber diese These war mir natürlich nicht fremd, mit meinem Chef und den Stammkunden sprach ich oft darüber. »Ich fand das Buch derart inspirierend, dass ich sogar überlege, dem Autor zu schreiben«, sagte sie nachdenklich, zwei Teeschalen in den Händen. »Tu das, Autoren freuen sich bestimmt über Leserpost«, ermutigte ich sie und dachte gleichzeitig, ich hätte auch Autor werden sollen. »Ich schreibe fremden Leuten nicht, das ist nicht angemessen.« Mir leuchtete das nicht ein. »Warum, glaubst du, schreibt jemand Bücher? Um mit seinen Lesern in einen Austausch zu treten. Woher soll er sonst wissen, wie seine Texte wirken, was sie auslösen?« Du sahst mich an, und ich spürte, wie meine Argumente dich langsam erreichten und eine Tür öffneten. »Ja, du hast recht. Vielleicht melde ich mich wirklich bei ihm.«

Die nächsten Tage überlegte ich, ob ich nicht auch ein Buch schreiben könnte, über Tee. Es gab zwar schon eine ganze Menge Sachbücher zum Thema, aber die meisten waren von Zen- oder Tee-Meistern geschrieben, und ich könnte den Blickwinkel erweitern, etwa um die ostfriesische Tee-Zeremonie. Mein Name würde dann auf einem Cover stehen, ich hätte der hübschen Dame gleich mein Buch zeigen können, und vielleicht würde sie davon genauso beeindruckt sein wie von dem anderen Buch. Ach was, es war ja doch nur ein Wunschtraum.

Einige Wochen später kam sie wieder in den Laden, es war mein letzter Arbeitstag. Sie suchte eine zweite Teeschale aus und bestellte kundig den besten Assam-Tee, den wir im Angebot hatten. »Oh, du hast zum Tee gefunden, das freut mich«, sagte ich. Sie erkannte mich wieder und lächelte. »Das habe ich auch dir zu verdanken. Ab sofort werde ich öfter hier vorbeikommen.« Mit Bedauern sagte ich ihr, es sei mein letzter Tag, ich hatte einen Job im Museum für Ostasiatische Kunst in Köln angenommen und würde in den nächsten Wochen umziehen. »Dann sehen wir uns eben dort wieder, ich bin jetzt häufiger in Köln«, entgegnete sie und erzählte ihre aufregende Geschichte.

Sie hatte dem Autor tatsächlich geschrieben, und der hatte nicht einfach nur geantwortet, sondern sie auf einen Kaffee (!) eingeladen, zuerst hatten sie sich in Köln getroffen und anschließend in Münster. Dann war alles ziemlich schnell gegangen. Nach einem überstürzten Kuss wollten sie erst einmal auf Abstand zueinander gehen, aber das hatte keine drei Tage angehalten, dann war er einfach nach Hamburg gekommen. Mit einer besonderen Sorte Sencha-Tee — einer Rarität —, einem Thermometer und einer kleinen Kanne hatte er vor ihrer Tür gestanden, sie angerufen und ihr, als sie ihm gestanden hatte, dass sie ihn sehr vermisse, gesagt: Er sei da. Vor ihrer Tür. Die Teezeremonie wurde verschoben, sie fielen erst einmal übereinander her, und Weißwein passte besser zur Leidenschaft als der feine hellgrüne Tee. Aber später dann hatten sie Tee getrunken, weil er zum vietnamesischen Essen passte. Sie hatten lange geredet und festgestellt, dass ihre Begegnung nichts von einer Affäre hatte, dass es ernst sei und er sich durchaus vorstellen könne, ihretwegen an die Elbe überzusiedeln.

»Bring ihn mal mit in den Laden«, sagte ich, auch wenn ich selbst dann nicht mehr da sein würde. Sein Buch hatte ich inzwischen gelesen, es gefiel mir, aber ich konnte nicht leugnen, dass ich eifersüchtig war. So hat es mit ihnen begonnen, dachte ich, vielleicht allein wegen meiner Ermutigung, ihm zu schreiben. So etwas würde mir nicht noch einmal passieren, und deshalb arbeitete ich inzwischen eifrig an meinem eigenen Buch. Mein Freund Nick hatte mich darin bestärkt, er meinte, das Schreiben komme mir sicher entgegen, und wenn ich dadurch sogar einmal eine Frau kennenlernen würde — umso besser. »Haben Autoren eigentlich auch Groupies? So wie Rockstars?« »Neil Gaiman oder Murakami bestimmt«, hatte ich erwidert. »Dann schreib doch auch Bücher wie sie! Die Frauen kommen dann zu *dir*.« Er hatte gut reden, es war unmöglich, wie meine Lieblingsautoren zu schreiben. Die Vorstellung, unter der Fanpost könnten sich auch Nachrichten schöner Frauen befinden, trieb mich allerdings an. »Deshalb willst du also ein Buch schreiben, ich wusste es!«, hatte er mich aufgezogen. »Du hast es leicht, Nick! Du forderst einfach eine Frau zum Tanzen auf, und schon ...« Auf einmal machte Nick ein Gesicht, als dämmerte ihm zum ersten Mal der große Vorteil seiner Leidenschaft für den Paartanz. Ich musste laut auflachen.

An meinem letzten Arbeitstag erzählte ich auch der Asiatin von meinem Vorhaben und fragte sie, ob ihr Freund, der ja inzwischen ein bekannter Autor war, einmal seine Kontakte spielen lassen könne. Sie schrieb sich meine Mailadresse auf, und tatsächlich meldete er sich einige Tage danach, mit Gruß von Linh, so hieß sie. Manchmal beginnen mit kleinen Schritten, etwa mit dem Schreiben einer Nachricht, große Geschichten.

Zwei Jahre später erschien mein Tee-Buch, schön gestaltet und mit wohlwollenden Rezensionen, sogar der Autor warb dafür auf seinen Social-Media-Kanälen, und das alles machte mich froh. Einmal sah ich ihn und Linh dann sogar zusammen in Köln, ein verliebtes Paar, Hand in Hand standen sie in der Buchhandlung des Museums. Mein Buch lag dort aus, neben seinen Büchern. So hatte es begonnen mit den beiden. Schließlich gingen sie zur Kasse — und kauften mein Buch.

12

Wir begegneten uns in England, es war in den 1960ern, im Swinging London. In einem kleinen Club spielte ein schwarzer Gitarrist, alle sprachen von ihm. Ich ging nur hin, weil mein Freund Paul mich dazu gedrängt hatte. Ich hatte, seit die *Beatles* die *Beatles* waren, kaum mehr Kontakt zu meinem ehemaligen Klassenkameraden, aber ab und zu meldete er sich eben doch. Diesmal also mit dem Befehl, mir unbedingt diesen Kerl namens Jimi anzuhören, der auf der Bühne manchmal sogar seine Gitarre anzündete. Dabei brannte die Luft schon, wenn er nur spielte.

Ich war noch paralysiert vom neuen *Beatles*-Album — eine Revolution, für jeden war das hörbar. Dich interessierten die *Beatles* nicht besonders. Du mochtest ihre Musik, aber ein Fan-Girl warst du nie. Nicht einmal den Szenestars warst du verfallen, und deine Resistenz machte dich selbst zu einem obskuren Objekt der Begierde. Du warst ein Hippie-Girl, aber dafür schon damals immer eine Spur zu schick und auf eigene Weise dezent. Jeder wollte mit dir ausgehen, aber du gingst entweder mit Freundinnen aus oder allein. Ich kannte deinen Ruf. *She was walking through the clouds … When I'm sad, she comes to me, with a thousand smiles she gives to me free.*

Hendrix spielte das erste Stück, und du blicktest zur Bühne, wenn auch nicht sonderlich beeindruckt. Ich stand an der Theke und schaute dir zu, beobachtete deine Bewegungen, zu denen die Musik den Soundtrack zu liefern schien. Als Hendrix ein Stück aus dem neuen *Beatles*-Album coverte, das nur drei Tage vorher erschienen war, jubelten die Leute. Und ich sah, wie Paul, der auf einmal neben dir stand, ganz ergriffen war und ungläubig auf dich einredete. Du hörtest ihm aufmerksam zu. Paul hatte Engelsaugen und eine weiche Stimme, außerdem wusste er sich auszudrücken, das hast du immer geschätzt. Dass er prominent war, war dir hingegen ganz egal.

Paul winkte mich herbei. »Das ist Linh. Von nichts zu beeindrucken. Nicht mal von unserem neuen Album!«, sagte er schmunzelnd. Ich streckte dir die Hand entgegen, du nahmst sie abwesend, weil Hendrix inzwischen auf der Gitarre zu zaubern begonnen hatte. Er dehnte das Instrument aus, erzeugte Rückkopplungen, die klangen wie Schreie, jetzt warst du doch gebannt. Paul nutzte den Moment der Ablenkung und deutete auf dich. »Lass sie dir nicht entgehen!« Dann verschwand er. Ich stand neben dir und sah ebenfalls zur Bühne. Immerhin schauten wir in die gleiche Richtung. Wir würden die Nacht nicht als Paar verabschieden, aber dennoch hatte es hier begonnen.

Das Konzert endete mit dem stürmischen Applaus perplexer Zuschauer, es war wie ein Traum. Man wusste, dass man Zeuge von etwas Einzigartigem geworden war, fand aber keine Worte dafür. Mich selbst hatte mehr als alles

Technische die Tiefe der Klänge fasziniert, aus den Urzeiten des Blues hatte einen die elektrifizierte Brandung getroffen. Ich war froh, dass Paul uns nicht mit hinter die Bühne nahm; Jimi, dieser eigentlich scheue und doch so charismatische Mann, hätte dich mir weggeschnappt. Stattdessen bist du mit mir an die Theke gegangen, ich bestellte uns Guinness, dir einen *half pint*, dann schlenderten wir hinaus. Ich hielt beide Gläser, aber du nahmst keines davon. »Ich mag kein Bier.« Ich stellte das kleinere wieder auf die Theke. »Einen Bushmills, bitte.« Der Wirt stellte den irischen Whisky vor dich, du schobst ihm einen Schein hin.

Vor der Tür stritten die Gitarristen anderer Bands, da hatte einer die Messlatte ein paar Meter höher gelegt, da war plötzlich jemand erschienen, ein Amerikaner zudem, der alle und alles disqualifizierte. Er schien kein Vorbild zu haben, sondern nur sein Können, seine Intuition und die ewige Geschichte des frühen Blues. Er hatte den Blues an den Strom angeschlossen und den englischen Gitarrenmeistern den Stecker gezogen. Das alles hast du dir angeschaut, aber interessiert hat es dich nicht, eher amüsiert. Die Männer, die immer um die ersten Plätze im Olymp rangelten, plötzlich waren sie zweitklassig. Und dann war dieser Jimi auch noch verdammt sexy. *Du* warst verdammt sexy. Ich musste mehr an dich, an das abgelehnte Bier, an deine Reize denken als an den Gitarristen.

»Er hat deinen Song gespielt, *Little Wing*«, sagte ich. Du nicktest und sagtest, ja, eine Hommage, wahrscheinlich sei Hendrix — du nanntest ihn als Einzige nicht in falscher

Vertrautheit Jimi — wegen dir hier. »Paul auch«, entgegnete ich, und obwohl der Kultfilm, aus dem das Zitat stammt, erst über zehn Jahre später gedreht werden würde, deine Antwort war die von Han Solo: »Ich weiß.« Das war ein Selbstbewusstsein, das mir imponierte, aber wie dich knacken? Wie mit dir ausgehen? Wie überhaupt den Kontakt halten? In den Sechzigern verkehrte sich die Welt, die Frauen wurden stark, und die Männer beschäftigten sich mit Drogen, tauschten also den soldatischen Schwachsinn gegen die Feigheit des Rausches. Ich nahm nie Drogen.

»Ich nehme nie Drogen«, sprach ich meinen Gedanken laut aus. Plötzlich war zum ersten Mal in deinem Gesicht ein ernstes Interesse, eine Zugewandtheit zu sehen, die mich optimistisch stimmten. »Kommst du mit?«, hast du gefragt, und ich sagte einfach ja, ohne zu wissen wohin. Die Ziele waren in dieser Zeit nicht wichtig, Hauptsache, man lief erst einmal los. Wir gingen die lange Straße hinunter, leichter englischer Nieselregen. Meine Nervosität mündete in eine Flucht nach vorn: »Wenn du mich küssen willst, lass dich nicht abhalten.« Ich wurde übermütig, wollte dich herausfordern. Du hast deine Schritte nicht einmal verlangsamt, sondern nur kurz meine Hand genommen, sie geküsst und dann gesagt: »Etwa so?«, und du hast gelacht über deinen kleinen Scherz. Prompt fürchtete ich, zu weit gegangen zu sein, doch dann war da dein Griff in meinen Nacken, das Heranziehen, rabiat und fest, dein Kuss. Ich war überwältigt. »Wohin wollen wir eigentlich?« Du antwortetest nicht, und ich lief weiter neben dir her.

Im vierten Stock wohntest du, in einem Haus voller Hippies, alle Türen offen, aber deine ganz oben hast du zugemacht. Und so begann es. Wir kochten, ließen die Pfanne mit Tofu, Tomaten und Koriander aber stehen. Eine Matratze auf dem Boden, bunte Tücher und Decken, Bücher lagen herum, amerikanische Romane, Räucherstäbchen und indischer Tee. Doch eine LP der *Beatles*, und zwar die neue. Sie lag schon auf dem Plattenteller. *Sgt. Pepper's Lonely Hearts Club Band* ... unsere Herzen allerdings nicht mehr einsam, sondern ineinander verschlungen. Noch oft standen wir danach auf Konzerten der Bands, die später Stadien füllen würden, wir hörten sie aber meist vorher. So hatte es begonnen mit uns, genau so.

13

Warum halten manche die Dreizehn für eine Unglückszahl? Nach dreizehn Jahren mit einer anderen Frau habe ich geheiratet, aber gut gegangen ist es nicht, es war nicht das Leben, das ich wollte (und das ging so weit, dass ich gar kein Leben mehr wollte und krank wurde). Daran ist keiner schuld außer mir selbst, keine Frau und keine Zahl. An keinem Freitag, dem 13., geschah in meinem Leben etwas Besonderes, ich bin nicht abergläubisch. Ist diese, die dreizehnte Variation, dennoch die Geschichte, in der wir uns nicht kennenlernen? Hätten wir uns nie kennengelernt, dann hätte ich den Glauben an die Menschheit verloren, den Glauben ans Glück und an Wunder. Ich kann mir nicht vorstellen, dich nie kennengelernt zu haben. Wie das also erfinden?

Vielleicht hätte ich kein Buch geschrieben, sondern wäre Ingenieur geworden. Ein Haus und ein Audi A6 und ein Hund und zwei Söhne, die ich zum Fußball bringe, kein Interesse an Musik. Meinen Eltern hätte das gefallen, deinen auch. Was gäbe es zu erzählen aus so einem Leben? Der Verkauf des mittelständischen Familienunternehmens, weil der Sohn es nicht übernehmen will, die daraus resultierende eigene vakante Stelle, etwas, das man sich nie hätte vorstellen können, meine eigene Stelle steht zur Disposition? Undenkbar. Dann sitzt man mit seinem Bier im Garten und schaut ins Nichts. Eigentlich müsste man den Rasen mähen, es ist Samstag.

Du hättest einen Vietnamesen geheiratet, aber auch nicht ganz so überzeugt, sondern eher, weil es an der Zeit war und auch du endlich eine der durchnummerierten Tanten sein wolltest. Erst durch die Heirat wirst du vielleicht zur Nr. 13, aber so richtig froh bist auch du nicht. Geborgen, ja, aber nicht glücklich. Nach außen hin merkt man dir nichts an. Aber nachts im Bett, wenn du an die Decke starrst, dann schleicht sich eine Ahnung ein. Es ist keine Zeit, darüber nachzudenken, das Kind schreit schon wieder, und du — nie der Mann — hast dich darum zu kümmern, und der Reis ist fertig, und schon wieder kommt Besuch, ganz schön viel Besuch, und zu lange bleibt er, und mit einer Nummer sprichst du die Verwandten an, das ist so üblich in der vietnamesischen Kultur. Das ist etwas anderes als veganes Frühstück im *Kaffee Stark*, als die verrückten Fahrräder von *Suicycle*, und ich frage mich, welche dieser zwei Realitäten unsere ist, vielleicht beide, vielleicht auch keine; aus der Heimatlosigkeit ergibt sich die Größe unserer Liebe. Wir haben uns.

Vielleicht hätten wir uns nie kennengelernt, wären einander aber begegnet. Ich als Vertriebsmitarbeiter, der auf dem Sommerfest der Firma deinen Mann trifft, er ist Einkäufer eines ähnlich großen Unternehmens und ein guter Kunde. Wir haben lange schon telefonischen Kontakt, aber nun sieht man sich endlich auch einmal persönlich. Er steht neben dem Bierwagen und sagt zu mir: »Darf ich vorstellen? Das ist meine Frau«, und ich gebe dir die Hand und entschuldige mich für meine fehlende Frau, eins der Kinder sei krank, sie habe daher leider nicht mitkommen können. (Das sagt man, wenn der Haussegen mal wieder schiefhängt.)

Wie hätten wir uns aus so unterschiedlichen Welten heraus angeschaut? Mir wären deine Augen aufgefallen, deine aufrechte Haltung und deine Art, dich zu bewegen, dieses anziehende Kleid, das wie für dich gemacht ist. Nun, vielleicht, ich hoffe es, wäre in so einem falschen Leben, in dem wir nicht die Richtigen gewesen wären, eine Vision oder eine Erinnerung aufgeblitzt an den Moment in der eigenen Geschichte, in dem man sich entschieden hat. Und zwar gegen das Leben, das wir heute führen und das man anderen nicht leicht erklären kann. Ob solch eine Ahnung möglich wäre? Ich kann es mir nicht vorstellen. Wir wären eingemauert gewesen ins eigene Leben und hätten nicht einmal bemerkt, dass es irgendwo ein anderes hätte geben können.

Wenn ich diese Szenarien einmal durchspiele, bin ich umso überzeugter von dem Leben, das ich führe. Es ist wie im letzten Roman von Paul Auster, 4321, da gibt es ein Leben und vier Verläufe, nur eine Weiche umgestellt, und alles kommt anders. In der dreizehnten Geschichte hätten wir uns nicht kennengelernt, wir hätten uns einmal gesehen, und es wäre ein Unglück gewesen, im falschen Leben zu ahnen, dass es ein richtiges hätte geben können. Aber man ahnt nichts. So hat es eben nicht begonnen! Nicht mit Landleben und Anpassung, mit Audi A6 und Sommerfesten von mittelständischen Unternehmen, nicht im Mainstream, sondern an Design-Hochschulen, in WGs und hinter dem DJ-Pult, mit Briefen und Sehnsucht, mit Tagebuchzeilen und all dem, was es nicht gibt im ordentlichen bürgerlichen Leben.

Wir konnten nicht anders werden, als wir sind, aber knapp war es trotzdem. Wir kennen Leute, die haben vieles, was wir nicht haben und nie haben werden. Wir gehören nicht zu ihnen, aber wir sind auch nicht ihr Gegenteil. Auf der Straße kann man uns nur schwer von ihnen unterscheiden, und wir sitzen gern ein paar Stunden in ihrer Wohnküche, erkundigen uns nach den Kindern, nach dem Stand des Hausbaus und den Eigenschaften des neuen Autos. Wir stellen die Mülltonne pünktlich raus, befolgen die Regeln, und nichts scheint wichtiger als die Arbeit.

Aber es ist anders gekommen. Da sind wir nun, in unserem kreativen Leben, mit zwei Wohnorten und Hunderten Kilometern zwischen uns. Wir haben keinen Audi A6, aber wir tanzen zu *Lana del Rey* durch deine Wohnung, Kerzenlicht, Romantik, sogar Tränen. Nicht jeder versteht so ein Leben, aber es ist allemal besser, als mit einem Bier im Garten zu sitzen und ins Nichts zu starren.

Die Sehnsucht ist nicht nur eine Qual, sie ist auch ein Liebesbeweis. »Gib mir den Raum, Sehnsucht nach dir zu haben«, hast du einmal gesagt. Und ich bin erst einen Tag später angereist. Statt jeden Tag nebeneinander zu liegen und wenig zu empfinden außer der Gewohnheit, quälen wir uns mit der Sehnsucht und sind manchmal allein — aber dann sind wir sehr glücklich. An diese Art des hohen Glücks gewöhnt man sich nicht, es entflammt immer wieder neu. Es hat eben doch begonnen. Es brauchte Umwege, aber die erhöhen die Ortskenntnis. Es hat, gegen alle Wahrscheinlichkeit, doch begonnen. Nur eben nicht an einem Freitag, dem 13.!

14

How is it going? In der WG kannte ich nur Nora, eine Yoga-Lehrerin, die ihre Ausbildung bei einer 90-jährigen Welt-weisen gemacht hatte und jetzt an der Uni einen Kurs anbot. Yoga, warum nicht, irgendwas Sinnvolles wollte ich ohne-hin mal machen, außerdem hatte ich gehört, dass man in Yogakursen attraktive Frauen traf. Wenn man allerdings so ungelenk und ungeschickt war wie ich, dann sank das Selbstbewusstsein derart tief, dass Flirten nicht mehr mög-lich war.

Jedenfalls lud Nora mich zu einer Party in ihrer WG ein. Sie lebte zusammen mit zwei anderen angehenden Designer-innen, eine davon eine bildschöne Asiatin, wie Nick mir erzählte. Er kannte wieder einmal alle. Seine neue Freundin war mit Nora befreundet, sie ging schon lange zu ihren Yoga-kursen, und so war auch er Nora einige Male begegnet. Er beglückwünschte mich zur Einladung und bedauerte, selbst nicht kommen zu können, weil er an dem Wochenende nicht in der Stadt sein würde. Ich war unsicher, ich ging nicht gern an Orte, an denen ich keinen kannte. Zudem schüch-terte mich die Clique ein, selbstbewusste Frauen, die noch dazu alle Yoga machten und bestimmt super biegsam waren, körperlich wie geistig. Nick meinte, von denen eingeladen zu werden sei ein Ereignis, und wenn ich nicht hingehe, solle ich mich bitte auch nicht mehr beklagen, dass ich keine tollen Frauen kennenlernte.

Der Abend kam, und ich wartete zu Hause — ab wann ging man zu so einer Party? Ich legte erst die *Nine Inch Nails* auf, dann PJ Harvey und am Ende *The Cure,* um mich in Stimmung zu bringen. Ich saß fertig angezogen auf dem Bett und zögerte. Hatte dort eigentlich jemand Geburtstag? Sollte ich etwas mitbringen, oder ging man einfach hin? Mein Geist wanderte entlang der Schwelle von Mut und Mutlosigkeit. Ich packte ein kleines Geschenk ein, das ich unter meinen Habseligkeiten fand, und verstaute es in meinem Beutel. Die Platte endete, ich stand auf und ging los, es war kurz nach zehn. Ich konnte zwar mein Gesicht verlieren, aber das Gefühl der Feigheit war noch unerträglicher. Noras Freund Schaaly würde auflegen, im Zweifel konnte ich einfach Musik hören.

Ich klingelte, die Tür öffnete sich. Nora stand im Türrahmen, sagte verwundert meinen Namen, und ich betrat die große Wohnung, die menschenleer schien. »Linh kocht gerade, willst du mitessen? Es ist eh immer zu viel.« Ich zog meine Schuhe aus (das einzig coole Kleidungsstück waren meine Chelsea Boots, und die musste ich nun ausgerechnet ausziehen!) und folgte Nora in die Küche. An einem großen Tisch saß die dritte Mitbewohnerin, Kristina, rauchte und starrte auf ihren Laptop, sie schien mich gar nicht zu bemerken. Schaaly schlief gerade, wie Nora mir mitteilte —

ob noch oder schon, das konnte ich nicht einschätzen. Aus dem Ghettoblaster sang einem Johnny Cash entgegen, eine alte Kassette. Eins war sicher: Hier fand keine Party statt. Ich war in den Alltag einer Frauen-WG geraten.

Eine Frau mit hohem Zopf und Brille wendete Tofuscheiben in einer großen Pfanne, warf eine Handvoll Koriander dazu und behielt gleichzeitig den riesigen Reiskocher auf der linken Seite im Blick. »Das ist Linh«, sagte Nora. Linh hielt inne und sah mich an, sagte etwas, das ich durch das Zischen der Tofuscheiben nicht verstand, nickte und machte weiter. Nora platzierte ihre typische Frage: »*How is it going?*« Ich antwortete etwas Belangloses und fragte nach der Party. »Morgen ist die, warum?« Ich musste lachen. Da ich behandelt wurde, als wäre ich ein ständiger Gast, ließ ich meinen Irrtum auf sich beruhen, morgen würde ich schon wiederkommen dürfen.

Nora weckte ihren schlafenden DJ, wir deckten den Tisch, und du setztest dich mir gegenüber, sodass ich dich den ganzen Abend anschauen konnte. Selbst Kristina unterbrach kurz ihre Arbeit, räumte den Laptop beiseite und aß mit uns. Nach dem Essen verschwanden alle in ihren Zimmern, alle außer dir, wir blieben zu zweit am Tisch sitzen. Ich war sehr froh drüber, das war besser als jede Party, das war ein unerwartetes Date mit dir, sofort bei dir zu Hause. Du schienst dich nicht über meine Anwesenheit zu wundern, du hast wohl einfach angenommen, ich stünde Nora näher, und nicht nachgefragt. Stattdessen sprachen wir über Konzerte, auf denen wir beide gewesen waren, und es war im Rückblick eigenartig, dass wir uns nicht schon längst kennengelernt hatten. Die Erinnerung formt es um, heute glauben wir fast, wir *hätten* die Konzerte zusammen besucht, ich *hätte* in der WG mitgewohnt und genauso hart gearbeitet wie ihr und Yoga gemacht, aber das war alles nicht so.

Uns überraschte das sich schnell einstellende Vertrauen, die Zuneigung, auch das gleichzeitige Müde-Werden. Du hast lachend ein Gähnen unterdrückt, und dass ich es bemerkte und sofort den Rückzug antreten wollte, mochtest du. Du hast gefragt, wo ich eigentlich schlafen würde, und erst da verstand ich, dass du dachtest, ich sei ein von weit angereister Freund von Nora, der eben jetzt schon für die morgige Party gekommen war und in der WG übernachten würde. »Du kannst das Sofa in meinem Zimmer haben, alle anderen schlafen ja schon.« Deine Offenheit und Spontaneität beeindruckten mich. Ich wollte nicht gehen, konnte dich aber auch nicht anlügen. »Ehrlich gesagt wohne ich nur zwei Straßen weiter, aber vielleicht ist dein Sofa doch ...« Erst warst du überrascht, dann sichtlich amüsiert. »Du willst also wirklich hier schlafen?« Ich stand auf, nahm unsere Gläser, ließ Eiswürfel hineinfallen und füllte nach. Dann fiel mir mein Geschenk ein. »Ich zahle Miete für heute Nacht.« Ich nahm eins der teuren japanischen Räucherstäbchen, die ich mitgebracht hatte, füllte etwas Reis in eine Espressotasse, stellte es hinein und zündete es an. Wir verschwanden in deinem Zimmer, noch bevor es abgebrannt war.

Das Sofa blieb in dieser Nacht unberührt. Nora wunderte sich zwar am nächsten Morgen, dass ich immer noch da war, lachte aber nur und verschwieg auch meine Unfähigkeit in Sachen Yoga. Bei euch wurden die Dinge einfach angenommen und nicht weiter zerdacht. Ich half, Snacks für die Party vorzubereiten, trug Getränkekästen die Treppen hoch, und abends, als die ersten Leute kamen, da hatte ich noch immer die Klamotten vom Vortag an. Ich hatte in der WG geduscht, statt nach Hause zu gehen, ich wollte das Hemd mit deinem Geruch gar nicht loswerden.

Wenn die anderen Partygäste mich fragten, woher ich die WG kannte, wusste ich nichts zu sagen. War ich bloß ein Teilnehmer von Noras Yogakurs oder schon dein Freund oder beides? So hatte es jedenfalls angefangen mit uns, genau so. Erst am Ende der Party, ein paar Hartnäckige ließen sich nicht rauswerfen, gingen wir schließlich zusammen zu meiner kleinen Wohnung, die war sauber, nicht verraucht, nicht bevölkert. Wir schliefen lange und liebten uns dann lange, ich zündete ein weiteres Räucherstäbchen an, und dann gingen wir duschen, gemeinsam. So hatte alles begonnen.

15

Wir waren aus verschiedenen Gründen auf diesem Workshop, aber beide unfreiwillig. Deine Mutter hatte die Finanzierung deines Führerscheins an die Bedingung gekoppelt, dass du an dem Kurs teilnahmst. Es war ihr letzter Versuch gewesen, dich auf den rechten Weg zu führen. Eine ganze Woche im August, in deinen letzten Schulferien, und du musstest am Kurs *Devil sucks! Dein Weg zu Maria* im Weiterbildungshaus der unbeschuhten Karmeliterinnen zur Heiligen Johanna der Schlachthöfe teilnehmen. Dein Zorn war enorm gewesen, und du hattest ernsthaft darüber nachgedacht, gar keinen Führerschein zu machen. (Stell dir das heute vor: Du müsstest mit der Bahn von Hamburg zu mir nach Köln kommen, nicht auszudenken! Weißt du, was ich meine?) Dein Vater hatte sich neutral verhalten, zu deinem Leidwesen. Den Bauch voller Zitronenrolle, die du aus Wut verdrückt hattest, warst du in den Zug, nicht ins Auto gestiegen, um nach Greifswald zu fahren, eine ewige Fahrt mit Regionalbahnen, und in den katholischen Bundesländern konntest du mit der Anmeldebestätigung sogar kostenfrei fahren. Was für ein Mist!

Ich war ebenfalls zwangsverpflichtet worden. Mein Vater hatte damit den Wunsch einer wohlhabenden italienischen

Urgroßtante erfüllt. Sie wollte ihm einen Porsche 911 vererben, allerdings nur unter der Voraussetzung, dass er an einem solchen Kurs teilnähme. Er hatte ihr geschrieben, das komme zwar nicht infrage, aber sein Sohn — ich — werde daran teilnehmen. Damit bleibe der Segen in der Familie, alles sei also in heiligen Tüchern. Sie hatte zugestimmt und einen Nachweis meiner Teilnahme verlangt. Er hatte mich also angemeldet, ihr alles per Post zugeschickt und mich gebeten, am Kurs teilzunehmen. Ich war in einer Zwickmühle. Dieses Auto war sein Lebenstraum, der Gedanke an den Kurs aber die Hölle. Den Bauch voller Zitronenrolle war ich schließlich in den Zug, nicht ins Auto gestiegen, um nach Greifswald zu fahren, eine ewige Fahrt mit Regionalbahnen, und in den katholischen Bundesländern konnte ich mit der Anmeldebestätigung kostenfrei fahren. Was für ein Mist!

Wir standen in einer Reihe mit den anderen Teilnehmern, wir bemerkten, dass alle außer uns aus voller Überzeugung hier waren. Ihre Haltung war von Kirchenbänken geprägt, ihre Finger sahen aus, als hätten sie schon Gicht vom vielen Beten. Feindselig blickte mich ein jüngerer Novize an, weil er die *Glaube-Liebe-Hoffnung*-Tätowierung auf meinen Fingern entdeckt hatte. Wer tätowiert sei, der sei des Teufels, zischte er diabolisch in dein Ohr, aber du nahmst das sofort zum Anlass, dich demonstrativ neben mich zu stellen. »Cool, du hast tätowierte Hände!« Der Novize spuckte auf den Boden und ging auf Abstand zu uns. Nun hatten wir Kontakt geknüpft.

Es war heiß im Seminarraum, und schon eine geschlagene halbe Stunde knieten wir zum Rosenkranzgebet nieder, alle anderen mit heiliger Freude, nur wir mit heiliger Wut, du dachtest an dein Auto und ich an das meines Vaters. Der straffe Tagesplan mit Gebeten, Vorträgen, Stuhlkreisen, Selbstoffenbarungen (wir logen wie gedruckt) und schließlich der abendlichen Beichte quälte uns. Wir flüsterten uns zu, lästerten, schrieben uns schließlich kleine Briefe, und je mehr wir gequält wurden, desto mehr lehnten wir uns auf. Während des Rosenkranzgebets stecktest du mir ein Zettelchen zu, auf dem etwas Anzügliches stand, und ich war für die restliche Stunde damit beschäftigt, meine Erregung zu verstecken.

Die anderen Teilnehmer waren ganz angetan von der Keuschheit der Dozierenden, von ihren strengen Gewändern, ihren Tonsuren und verhärmten Blicken. Vorbild waren die amerikanischen Puritaner, die sich am liebsten noch geißeln würden. Neben der Eingangstür des Vortragsraums hingen gerahmte Fotos von Donald Trump, einem Papst aus den 1930er-Jahren und den Oberen der Pius-Bruderschaft, rechts und links davon brannten Teelichter. Die Seminarleitung empfahl einem jeden von uns, nach der Absolvierung des Tagesprogramms abends vor den Spiegel zu treten, sich mürrisch anzuschauen, sich schuldig zu fühlen und sich mit dem Gürtel auf den Rücken zu schlagen, abwechselnd über die linke und die rechte Schulter. Ich flüsterte dir zu, dass ich das gern für dich übernehmen würde, und du erwidertest, ich dürfe dir auf den ***** schlagen.

Zuerst nahm ich das als Scherz, aber kaum lagen wir in unseren jeweiligen Zellen im Bett, schrieben wir uns Nachrichten und erkundeten, wie weit die Fantasie des anderen ging. Uns fehlte der Alkohol, und so blieb es vorerst bei heißen Zeilen und einem Foto meines harten *********. Am nächsten Abend gab es jedoch Weißwein, vom Klostergut selbst gekeltert, und wir wussten, wohin das führen würde. In einer sexualkundlichen Lehrveranstaltung einige Stunden zuvor hatte die Dozentin verkündet, dass Sex vor der Ehe in jedem Fall in die Hölle führe, wenn man aber gar nicht anders könne, solle man Analsex praktizieren, weil das nicht als Sex gelte, in der Bibel sei dagegen jedenfalls nichts zu finden. Die anderen hatten gekichert, aber wir hatten uns sofort einvernehmlich angeschaut, und jetzt gaben wir vor, uns sei vom Wein nicht ganz wohl, und verschwanden auf die Zimmer. Also in ein Zimmer. Also ineinander. Dann schrieben wir einen Dank an unsere Eltern, wir seien tatsächlich bekehrt (wovon, verrieten wir nicht). So hatte es begonnen.

So kamen wir, und so kamen wir auch zusammen! Diese vergrämten Menschen, die sich für Christen hielten, von Liebe aber gar nichts verstanden, gerade sie brachten uns zusammen. Wir nämlich verliebten uns, begriffen die Liebe, lebten sie aus, und am vierten Tag des Seminars legte ich meinen Gürtel um deinen *****, zog ihn zu. Es erregte dich, ich nahm dich von ******, und dann hast du mich ewig und innig ********, bis wir gemeinsam kamen. Bis heute tippst du augenzwinkernd auf meine Gürtelschnalle, um anzudeuten, worauf du Lust hast, und es kollidiert meist nicht mit meinem Abendgebet, es ist die praktizierte Liebe, körperlich wie seelisch.

Als der Bus uns vom Seminar wieder zum kleinen Regionalbahnhof brachte, von dem alle zurückfuhren in ihr normales Gemeindeleben, waren wir beseelt. Die Dozenten hielten uns für geläutert, und wir ließen sie gerne in ihrem Unglauben. Ich sah meinen Vater glücklich mit seinem 911er herumdüsen und fragte ihn, ob eine — nein: meine — Freundin, die bald den Führerschein mache, auch einmal damit fahren dürfe. Er stimmte zu, und einige Zeit später wurde deine Jungfernfahrt nach absolvierter Fahrprüfung von mehreren Hundert Pferdestärken angeschoben. Das macht schon etwas her, ein hübsches Mädchen in so einem Auto. Abends hatten wir wieder leidenschaftlichen ***, auf einer sommerlichen Terrasse, die blickdicht im Idyll des Landlebens lag. Auf der anderen Seite des Dorfes sahen wir den Kirchturm und bekreuzigten uns. Eine Religion der Liebe konnte uns nur recht sein. Wir stießen an auf deine Mutter und meinen Vater, auf christliche Seminare und den legendären Porsche 911, vor allem aber auf uns.

Hatte es wirklich so begonnen mit uns? Nur Gott weiß es. Es steht in einer der geheimen Schriften in der alten Klosterbibliothek, in denen Buch geführt wird über die Seminare, die geheimen Vorkommnisse, die eigenständigen Wege zur Religion der Liebe. Wir huldigen ihr, der Religion der Liebe, seelisch und körperlich, und so hatte es mit uns begonnen. Genau so.

16

»Kannst du zur Abwechslung vielleicht mal aufschreiben, wie wir uns *wirklich* kennengelernt haben?« Dein Blick war nicht einzuordnen. Ich meinte, Ironie darin zu erkennen und vielleicht sogar Bewunderung für meinen Einfallsreichtum, aber auch eine Ernsthaftigkeit, das Bedürfnis nach Wahrhaftigkeit.

Aber was ist schon die Wirklichkeit? Ist das nicht ein unergründliches Verhältnis, also jenes zwischen Wirklichkeit und Erinnerung? Die Erinnerung trügt, es ist nicht leicht, sie aufs Papier zu bringen. Es ist auch nicht entscheidend, welche Ereignisse wahr sind, sondern nur, welche Gefühle. An die erinnere ich mich bis heute, fühle, was ich damals fühlte, und bin sehr froh, dass mir das nun alles bewusst wird. Mir ist bewusst, dass ich dich liebe. Und das nimmt Einfluss auf die Erinnerung.

Ich sitze auf deinem Balkon und schreibe diese Variationen, wie wir einander kennengelernt haben, dein Nachbar hört eine Band, die gern so gut wäre wie *Slayer*, es aber nicht ist. Der Lärm der vorbeifahrenden Autos überdeckt die Musik, beides Trash Metal. Ich weiß nicht mehr, wie wir uns kennengelernt haben. Jene erste Nachricht von dir ist nicht mehr vorhanden, das erste Treffen, ich weiß nicht, was ich trug, ob ein Sakko oder nur ein Hemd, Chelsea Boots oder Turnschuhe, ich erinnere den Griff in deine Haare, ein erregtes Schließen deiner Augen, das Atmen danach, dein Kopfschütteln. Ich erinnere, dass ich mit meiner Aufmerksamkeit so sehr bei dir war, so nah an allem, was du gesagt und ausgestrahlt hast, als gäbe es keine Umwelt und kein Morgen. Du allein zähltest, alles andere war nur Hintergrundrauschen.

Die Geschichte, wie wir uns kennenlernten, lässt sich nicht erzählen, nicht einfach so. Es ist die Geschichte einer anhaltenden Gegenwart, weil das Kennenlernen gar nicht mehr aufhört, nie abgeschlossen sein wird und es sich deshalb falsch anfühlt, die Vergangenheitsform zu wählen und ein Damals zu suggerieren. »Schreib doch irgendwann einmal auf, wie wir uns kennengelernt haben!« Ja, das kann ich schon machen, aber jeder Brief, den ich an dich richte, ist Teil dieser Geschichte, und jeder Schritt, den ich neben dir gehe, auch. Die Decke über uns ziehen, das Bettlaken schon wieder waschen, ich benutze dein Handtuch, und du trägst mein T-Shirt, du hast eine Probe meines Parfüms an deinem Bett liegen, und wenn du allein darin schläfst, dann erscheint es dir ziemlich groß. Mein Bett erscheint mir nicht groß, weil ich gar nicht darin schlafe, sondern im Gästebett, das so schmal ist, dass ich einmal fast herausgefallen bin. Eigentlich müsste ich durch den Boden fallen, hinab, hinab, um plötzlich von deinem Bett aufgefangen zu werden — *plumps,* liege ich neben dir! Du lachst, und kurz überschlägt sich deine Stimme vor Freude.

Da die Geschichte, wie wir uns kennengelernt haben, die Geschichte ist, wie wir uns kennenlernen, eine unendliche Geschichte, kann sie nicht erzählt werden, sondern nur erfunden. Und diese Erfindungen sind dann nichts weiter als Teil einer größeren Geschichte, die jemand anderes aufschreibt.

Ich frage dich jeden Morgen, ob du heute — nur heute — dein ganzes Leben mit mir verbringen willst. Und du hast bisher jeden Tag Ja gesagt. Die Frage ist mir noch immer ernst, und die Antwort ist dir noch immer ernst, und das ist Teil unserer Geschichte. Sie hat begonnen, genau so.

17

Seit zwei Jahren arbeitete ich am Wochenende im *Saal II*, einem Café in Hamburg. Da ich eine Barista-Ausbildung gemacht hatte, hatten sie mich sofort genommen. Ich arbeitete samstags und sonntags, jede Woche. Nach kurzer Zeit schon verblasste die Erinnerung, dass es ein »Ende der Woche« überhaupt gab. *Ohne Sonntage gibt es nur noch Werktage!* — die Postkarte der evangelischen Kirche hing mahnend an meinem Kühlschrank.

Ich nahm die Wochenendarbeit auf mich, um fünf Tage für mein Studium zu haben, meine große Leidenschaft. Die Klagen der Kommilitonen verstand ich nicht. Es war ein Geschenk, studieren zu dürfen. Ich hatte meine Mission: Ich war ein Sammler des Wissens, ein Student, wie Walter Benjamin ihn sich erträumt hatte. Morgens früh saß ich am Schreibtisch, um mich durch die großen Werke der Philosophie zu arbeiten, verstand mit jedem der Klassiker die Welt neu oder verstärkte die These in mir, dass ich bald wissen würde, dass ich nichts weiß. Auch die Theologen zogen mich stark an. Sie erschienen mir bodenständiger, mit klarem Bezug zum realen Leben. Es ging nicht um Begriffe, sondern um die Geburt, das Leiden, das Lieben und das Sterben. Seelsorge war keine Theorie, sie war Begegnung.

Auch die Arbeit im Café war eine Art intellektuelle Seelsorge; die Gäste bildeten meine Gemeinde, und ich kümmerte mich voller Hingabe um sie. Viele der Leute, die ich bediente, kannte ich mit der Zeit, ich führte Tagebuch über sie — über ihre Gewohnheiten, über Stilbrüche und Manierismen, über schöne Ereignisse. Ich schrieb über flirtende Paare, die sich zum ersten Mal küssten, und über Frauen und Männer, denen man ansah, dass sie leidenschaftlichen Morgensex gehabt hatten. Ich genoss es, Musik für meine Gäste aufzulegen. Ich schaute die Schallplatten durch wie der Pfarrer das Gesangbuch, um die Lieder für den Gottesdienst auszuwählen. Ganz egal, wie viel los war, ich wechselte die Schallplatten und wich nie auf Playlisten aus. Am Wochenende mussten die Gäste, je nach Wetter und Jahreszeit, Nick Cave hören oder Miles Davis, Prince oder Klaviermusik von Beethoven, David Bowie oder Nancy Sinatra, Bo Diddley oder Coco Rosie. Es gab die *Radiohead*-Samstage und die *Beatles*-Sonntage. Es gab Tage, da brachte ich ausschließlich Hip-Hop-LPs mit, *Nas*, *N.W.A.*, *A$AP Rocky* und *The Roots*, auch Geheimtipps wie die beiden Instrumentalalben der *Beastie Boys*. Meine Kleidung passte ich der Musik an. Aus meiner Zeit als Fahrradkurier und Gärtneraushilfe hatte ich noch die warmen *Cleptomanicx*-Hoodys.

Es gab aber auch Sonntage, an denen es nur Jazz zum Frühstück gab, Shelly Manne und Bill Evans, Oscar Peterson oder Keith Jarrett. Bei Jarretts *Köln Concert* kamen einem weiblichen Gast einmal die Tränen. Ich lud sie zu einem Getränk ein, aber sie nahm es erst nach längerer Diskussion an. Sie kam alle paar Wochen zum Kuchenessen, sie mochte keinen Käse, weil sie Milchprodukte nicht vertrug. Jedes Mal sah ich ihr an, dass sie am liebsten ein zweites Stück bestellt hätte. Ihr Lächeln beim Blick in die Glasvitrine, in der der Kuchen stand, amüsierte mich. Es war die pure Vorfreude, die sich in ihrem Gesicht abzeichnete. »Welches soll ich nehmen, welches soll ich bloß nehmen?« Ich erläuterte ihr die ungewöhnlichen Sorten, die wir manchmal anboten. Sie nahm fast immer das opulenteste Stück.

Nach diesem verregneten Nachmittag, an dem ich das *Köln Concert* aufgelegt hatte, kam sie jeden Sonntag ins Café. Schon ab der dritten Woche wartete ich auf sie und sorgte dafür, dass meine beiden kragenlosen japanischen Hemden — eins in Schwarz und eins in Weiß — gewaschen waren; sie hatte mir einmal ein Kompliment dafür gemacht. Sie suchte sich immer einen entlegenen Tisch, meistens im hinteren Raum, wo ich sie nicht sah. Sie hatte einen Stapel Magazine dabei, die ich nicht kannte, telefonierte lachend mit jemandem oder tippte auf ihrem Handy. Nie traf sie sich hier mit anderen, es wurde zu ihrem sonntäglichen Ritual, ihre Stunde für sich. Ich war froh, ihr Zeuge sein zu dürfen, ein Zaungast ihrer öffentlichen Privatheit. Meine Musikauswahl lieferte den Soundtrack dazu.

Samstags orderte ich die Torten für Sonntag und war stolz, wenn sie ein Stück davon nahm. Ich notierte mir in einer kleinen Kladde, welchen Kuchen sie aß, was sie trank, und nach einer Zeit begann ich sogar zu notieren, was sie trug. Oft waren es schicke Sandalen, dreiviertellange Hosen, weite Hemden, manchmal Poloshirts. Zu meinen Favoriten gehörten ein schwarzer Pullover mit hohem Kragen und ein rotes Poloshirt, das sie hochgeschlossen trug. An dem Sonntag, an dem alles begann, trug sie ein streng geschnittenes blaues Kleid und dazu eine Jade-Kette. Nur selten sah ich Ohrringe an ihr, aber immer Nagellack.

Den schwarzen Beutel, den sie oft bei sich hatte, zierte ein Zitat: *I AM DAMO SUZUKI*. Zuerst glaubte ich, sie könnte wirklich so heißen, bis ich auf die Idee kam, nach der Bedeutung zu googeln. Für den folgenden Sonntag kaufte ich mir LPs von *CAN* und *The Fall*, brachte sie mit ins Café und hoffte, sie würde meine Aufmerksamkeit bemerken. Als *Mother Sky* lief, kam sie tatsächlich zu mir an die Theke und lobte die Musik. »Du hast diesen Beutel«, erklärte ich den Volltreffer. »Werde ich etwa überwacht?« Ich schüttelte den Kopf. »Ich kann nicht an den Gästen vorbeisehen, schon gar nicht an dir.« Der Satz war mir selbst etwas zu viel, ich verschwand kurz in der Küche.

Ein einziges Mal sah ich dich mit jemand anderem, nämlich mit der Sängerin von *shi offline*. Jeder in der Szene kannte Ada, zumindest vom Sehen. Ich mochte sie, ihre wilde, unbeherrschte Art und ihre schrillen Klamotten. Mit ihr wäre ich gern befreundet gewesen, aber ich kannte sie leider kaum. Ihr spracht über Musik, Gesangsunterricht und Klavierspiel. Ein ungleiches Paar, dachte ich. Ich brachte euch Tee. »Seltsames Gipfeltreffen«, kommentierte ich. »Geh arbeiten!« Ada verscheuchte mich regelrecht, und ich verschwand schnell wieder. Von der Theke aus konnte ich euch beobachten. Du hast ihr einen großen, knallblauen Hoody gegeben, ich konnte mir darauf keinen Reim machen. Ich war plötzlich irrsinnig eifersüchtig auf den Mann, der ihn getragen haben könnte. Erstmals kam mir der beunruhigende Gedanke, dass du gar nicht Single warst. So eine Frau kann gar nicht Single sein! Andererseits: Welcher Mann würde darauf verzichten, mit dir sonntags im Café zu sitzen? Draußen, im noch milden Herbst, ein Stück Kuchen essen, den Kastanien beim Fallen zusehen, die vorbeigehenden Leute beobachten und ihre Kleidung kommentieren. Halbhohe *Vans*, die will ich auch!

Ich vernachlässigte die anderen Gäste, wenn du deine Stunde hier verbrachtest, war langsamer und abgelenkt, legte Musik nur noch für dich auf und richtete die Tortenbestellung nach dir aus. Der Käsekuchen wurde aus dem Sortiment genommen. Mein Chef, der mich schätzte, wies mich dezent darauf hin, dass er nicht vorhatte, draußen ein neues Schild mit der Aufschrift *Pianobar* anzubringen: »Wenn das so weitergeht, hören wir hier bald den *Rosenkavalier*.«

Ein Sonntag mit Nieselregen. Als ich dir dein Stück Torte brachte, legte ich dir einige am Morgen gesammelte Kastanien auf den Tisch und hätte alles dafür gegeben, bei dir sitzen zu dürfen. Du fragtest nach Tee, und ich bereitete dir Assam-Tee zu, es war mein eigener, den ich mir selbst manchmal zubereitete, für Gäste war er nicht bestimmt. Ich hoffte, dass du niemandem vom guten Tee im *Saal II* vorschwärmtest und die dann hier auf den gewöhnlichen Darjeeling stießen. Und was, wenn ich krank würde und meine Kollegin dir einen Becher mit ordinärem Teebeutel vorsetzte? Jedenfalls brachte ich eine Kerze an deinen Tisch. Es war einer dieser Tage, an denen es gar nicht erst hell wurde, eine Art Dauerdämmerung. Es waren wenige Gäste da, wer wollte schon durch dieses herbstkalte und nasse Grau?

Ich legte wieder das *Köln Concert* auf, wartete ein paar Minuten und ging dann zu dir. Ich hatte dir die CD gebrannt und in eine herausgerissene Seite eines alten *down-beat*-Magazins eingeschlagen. Den Text aus dem Booklet hatte ich für dich abgeschrieben, ich vertraute auf die Wirkung meiner Handschrift. Als ich dir die CD überreichte, sagtest du nur meinen Namen, sonst nichts (dass du meinen Namen wusstest, machte mich wiederum sprachlos). Du warst sichtlich ergriffen — ob nur von der Musik oder auch von meiner Geste, das wagte ich nicht zu beurteilen. Du hattest diese zurückhaltende Art, ich konnte nicht einschätzen, ob du ein wenig auch wegen mir ins Café kamst. Vielleicht machte ich mir zu große Hoffnungen, vielleicht waren deine Besuche doch nur eine sonntägliche Routine, die dir nicht mehr und nicht weniger bedeutete als andere Unternehmungen. Ob dir auffiel, dass das Kuchenangebot auf dich abgestimmt wurde, ob dir auffiel, dass hier sonst nie Klaviermusik lief? An manchen Tagen glaubte ich, dass es dir ganz gleichgültig war. Dem war aber nicht so. Dir fiel mehr auf, als ich ahnte — und ich offenbarte mehr, als ich wollte.

Als ich am frühen Abend meine Schicht an meinen Chef übergab, erzählte er mir, dass Keith Jarrett nach Hamburg käme. Der Pianist war einige Zeit krank gewesen, lebte zurückgezogen und war seit Jahren nicht mehr getourt. Aber nun würde er in die Elbphilharmonie kommen, und das brachte mich auf eine Idee, die mich gleichzeitig glücklich machte und in Panik versetzte. Der Kartenvorverkauf begann am 22. Oktober, meinem Geburtstag, und schon um sechs Uhr morgens saß ich vor der geschlossenen Tür der Vorverkaufsstelle, um vier Stunden später der Erste am Schalter zu sein. Ich hatte zuvor ein paar meiner Platten und Bücher verkauft, eine Woche lang nur Knäckebrot und Äpfel gegessen, und die fünfzig Euro, die mir noch fehlten, borgte mir mein Chef. Er fragte, mit wem ich zum Konzert gehen wolle. Ich sagte ihm die Wahrheit: Jeden Sonntag sitze eine umwerfende Frau im Café, mit der ich nur sporadisch ein paar Worte wechsele. Trotzdem sei ich ihr schlichtweg verfallen.

Am nächsten Sonntag wartete ich darauf, dass du kamst. Das letzte Stück Zitronenrolle legte ich auf einen Teller, den ich für dich zurückstellte. Ich vertraute darauf, dass du die *Lactase*-Tabletten immer dabei hattest. Dann warst du da, wie immer um die gleiche Zeit. Im vorderen Raum saß nur ein in sich versunkenes Paar vor seinem Weißwein, du wähltest einen Tisch auf der gegenüberliegenden Seite. Ich setzte mich zu dir: »Gehst du mit mir zu einem Konzert?« Die Frage schien dich nicht zu überraschen. »Ja, gern. Wohin willst du mich führen?« Ich legte den Umschlag mit den beiden Karten vor dich auf den kleinen Cafétisch, stand eilig auf und ging zurück zur Theke, ich war zu nervös und ertrug es nicht, dir so nahe zu sein. Ich beobachtete dich, wie du den Umschlag öffnetest, sah deinen überraschten Blick und deinen Mund, der einen Laut des Staunens formte, aber stumm blieb. Du sahst mich erst an, dann kamst zu mir, und ich war froh, dass die Theke zwischen uns war, sonst hättest du mich umarmt, und das hätte ich kaum ausgehalten. »Du, du kannst doch nicht ...« Weiter kamst du nicht. »Nimmst du die Einladung an?« Ich hatte meine Fassung wiedererlangt, meine Stimme war jetzt klar und bestimmt. Du hast gelächelt und genickt, dann bist du gegangen, ohne zu zahlen, aber eine halbe Stunde später warst du wieder da und hast mich zum Essen eingeladen. »Sag mal, habe ich eben überhaupt gezahlt?« Ich bejahte, aber du wusstest, dass es nicht stimmte.

Das Konzert war einige Monate später und wir schon lange ein Paar. Ich hatte einen anderen Job gefunden, in einem Fahrradladen; die freien Sonntage verbrachten wir an der Elbe. Dein Fahrrad hatte bald wieder funktionsfähige Bremsen, zur Philharmonie fuhren wir trotzdem mit der Bahn. Du hast dich eingehakt, wir stiegen die Treppen hinauf. Auf der Bühne stand der große Flügel. Die Ruhe, bevor der Pianist die Bühne betrat — wir schauten uns an. Irgendwann die ersten, improvisierten Anschläge, die uns sofort an verregnete Sonntage denken ließen. Und dich an Torte. Er spielte an diesem Abend nur für uns, so unsere kitschige Vorstellung, aber wir hatten eben unsere Geschichte zum Konzert mitgebracht, und die konnte uns keiner nehmen. In der Pause standen wir auf der Plaza, sahen auf die Elbe. So hatte es begonnen. Genau so.

18

Seit zwei Jahren arbeitete ich als Fahrradkurier für einen Buchladen. Wir lieferten Bücher aus und boten so den Online-Händlern die Stirn. Die Leute sprühten vor Freude, wenn ich vor ihrer Tür stand und die bestellten Bücher brachte. Literatur bleibt Zauberei. Seit Jahrhunderten schaffen Menschen aus Buchstaben Meisterwerke. Jeder Roman nimmt einen mit auf eine neue Reise — jede Erzählung entführt in ein Anderswann und Anderswo. Das tägliche Radfahren war eine gute Sache, allerdings konnte das Wetter an der Elbe einem zusetzen. So war ich froh, als der neue Lehrling eines Tages das Ausfahren übernahm und ich in den Laden wechselte, ich war schließlich ausgebildeter Buchhändler. Mir wurde die Reiseliteratur zugewiesen, die neue Aufgabe weckte das Fernweh in mir. Die Anzahl bedeutender Geschichten, die in New York spielten, war Legende. Die Originalschauplätze der berühmten Romane zu sehen, brachte einem die Romane noch näher.

Seit einiger Zeit führte ich einen Literatur-Blog. Auf Instagram postete ich Kurzrezensionen von Romanen, die in mir etwas ausgelöst hatten. Inzwischen folgten mir nicht nur Kollegen und Freunde, die Followerzahlen stiegen stetig. Ich liebte den virtuellen Austausch. Bald begann ich Romane zu besprechen, die die erste Fernreise meines Lebens vorbereiteten: *Open City* von Teju Cole, 4321 von Paul Auster und einen außergewöhnlichen Stadtführer, den ich in meiner neuen Abteilung entdeckt hatte. *Die große Welt* hatte mir eine Frau vor der Nase weggekauft; ich bestellte mir ein neues Exemplar, das nur einen Tag vor Abflug ankam. Mitten im Sommer, im Laden war wenig los, trat ich meine erste Fernreise an. Nach New York.

Nach knapp acht Stunden landete ich in Newark, etwas außerhalb der Stadt. Die Einreisekontrollen waren drastisch, ich fühlte mich, als hätte ich etwas zu verbergen. Jeder war ein potenzieller Terrorist. Vom Flughafen aus brachte mich ein scheppernder Zug bis zur Penn-Station. Nach einer kurzen Suche fand ich den richtigen Ausgang und kletterte die schmale Treppe hinauf. Der Blick durch die Häuserschluchten nahm mir den Atem. Es war nicht die beste Reisezeit, in der Stadt stand die Hitze. Die schnell sich fortbewegenden Menschenmassen, ihre eigentümliche Eleganz — niemand rempelte, drängelte, fluchte —, die hupenden Autos, aufheulenden Sirenen, die winkenden Polizisten, die den Verkehr regelten. Ich stand am Rand der Straße und starrte in die Gegend wie ein überwältigtes Kind. Eine große, schwarze Frau, die aussah wie ein Model, sprach mich an. Ob ich etwas suche, ob sie helfen könne. Ich fragte sie nach dem Hotel, sie wies mir die Richtung und verabschiedete sich mit dem Satz »I like your style«. Sie blickte auf meine Sneaker, das Kompliment hallte als angenehme Schwingung in mir nach. Diese

Stadt begrüßte mich mit Sommerwetter und einem Lächeln. Meiner Vorliebe, anderen schöne Dinge zu sagen und ihnen so eine Freude zu machen, war eine New Yorkerin einfach zuvorgekommen. Diese Stadt war schneller als ich.

Im Hotel ließ ich mich aufs Bett fallen, hörte der laut surrenden Klimaanlage zu und ging online. Ich postete ein Foto aus der Subway, den silbernen, scheppernden Wagons, die an Hip-Hop erinnerten. Leute jonglierten, sangen, spielten Gitarre und sammelten Geld. Erste Freunde reagierten und wünschten mir eine gute Woche, gaben mir Tipps, fragten, ob ich ein Doppelzimmer hätte, sie würden gern nachkommen, Smiley.

Ich lief die 6th Avenue entlang, bog ab und ging in ein Café. Alles war teuer, ich hielt mich mit Cola, Schokoriegeln und frischer Mango über Wasser, die an der Straßenecke mundgerecht geschnitten und in kleine Plastikbeutel verpackt verkauft wurde. In Greenwich ging ich in eine Buchhandlung, und der Inhaber, der danach fragte, was ich gerade lese, nickte heftig. *Just Kids*, ah, ja: Patti Smith, die sei eben hier gewesen, dort vorn um die Ecke wohne sie. Ich sah ihn stumm an. Wo Paul Auster lebe, fragte ich, doch er drückte mir nur zwei seiner Romane in die Hand und sagte, ich solle die Bücher lesen, nicht den Verfassern nachstellen. Sie steckten in den Romanen, nur da seien sie zu finden. Ich postete ein Foto des Regals, in dem die Patti-Smith-Bücher standen, in meiner Instagram-Story. Ihre Autobiografie hatte viele Fans, einige reagierten auf meinen Post. *Brook_Linh* schrieb, sie liebe *Just Kids*. Das Guggenheim-Museum zeige gerade die Fotografien von Robert Mapplethorpe, ihres früheren Freundes, mit dem sie im Hotel Chelsea gelebt hatte. Ich bedankte mich für den Hinweis und fuhr zum Central Park. Die Fotos zeigten drastische Szenen, erigierte Penisse, zum Teil ekelhafte, dann wieder sanfte Selbstporträts. Zwei Fotos zeigten Patti Smith.

»Was denkst du über die Ausstellung? Ich war vorgestern dort«, schrieb mir *Brook_Linh*. Als Wohnort stand New York, Brooklyn, in ihrem Profil.

Ich hatte mir die Ausstellung tatsächlich schon angesehen und war unschlüssig. Manche Fotos stießen mich ab, andere waren betörend schön. Am liebsten mochte ich die, die Patti zeigten, schrieb ich *Brook_Linh*. Sie antwortete, dass sie die Bücher, die ich postete, auch gut finde und meinem Blog schon länger folge. Ich hatte Follower in New York! Stolz und angefüllt mit den Eindrücken des Tages fuhr ich mit der Subway zurück ins Hotel, holte mir ein Bier an der Bar, steckte das Ladekabel ins Telefon und ließ mich in meinem Zimmer in einen Sessel fallen. Ich griff zu *Die große Welt*. In den 1970er-Jahren hatte ein Franzose zwischen den Twin Towers ein Seil gespannt und war in über 400 Metern Höhe darüberbalanciert. Von unten sahen die Menschen ungläubig hinauf. Die Stadt hatte den Atem angehalten. McCanns Roman ließ mich erschrocken und zugleich fasziniert zurück. Gute Bücher, in die man sich tief verstrickte, weckten das Bedürfnis, darüber zu reden. Ich postete etwas in einer Story, holte mir von unten ein zweites Bier und sah aus dem Fenster auf die energiegeladene Stadt. Wie viele Geschichten sich hier zeitgleich abspielten! Sirenen heulten, Polizeiwagen rasten durch die Straßen. New York überströmte einen derart mit Eindrücken, dass man kreativ werden musste. Irgendwas von dem, was in einen drang, musste auch wieder raus.

Mein Telefon gab einen Ton von sich. *Brook_Linh* schrieb: »Kommst du morgen mit auf die High Line? Um 9 Uhr bin ich an der 28th St, Ecke 10th Ave, Chelsea Park.« Ich schaute im Reiseführer nach. Die High Line war eine stillgelegte Hochbahntrasse, die man in einen Park verwandelt hatte. Den Fotos konnte ich nicht entnehmen, wie hoch sie war — die Anfrage konfrontierte mich mit meiner Höhenangst. Sollte ich mit einer Frau, die ich gar nicht kannte, über die High Line gehen? Sie wollte, daran war kein Zweifel. Gewöhnlich machte ich den ersten Schritt, aber die Stadt war schon wieder schneller als ich. In New York fühlte ich mich langsam, ich kam kaum mit. In der Regel gab ich anderen nicht die Möglichkeit, auf mich zuzugehen. Entweder sprang ich auf sie zu oder ich ließ sie links liegen. *Brook_Linh* war auf mich zugegangen. Sie hatte mich gefragt. Und nun war ich am Zug.

Das zweite Bier tat seine Wirkung, der Hunger wich; ich ging duschen und legte mich aufs Bett. Den Wecker hatte ich auf acht gestellt. Ich würde einfach hingehen. Nicht antworten, einfach hingehen. Wenn sie da sein würde, ok, und wenn nicht, auch. Aber ich konnte nicht einschlafen. Die Klimaanlage war zu laut. Wenn ich sie ausschaltete, wurde mir zu warm. Ich wälzte mich hin und her, dachte an mein Date — war es ein Date? Ich nahm das Telefon, tippte schnell, drückte auf *Senden*: »Ja, gern!« Mein Instinkt sagte mir, dass sie nicht kommen würde, wenn ich nicht antwortete.

Um sieben Uhr war ich hellwach. Ich zog mich an, wurde unsicher, zog mich wieder aus und griff schließlich doch zum schwarzen T-Shirt. Ich verzichtete aufs Frühstück und ging viel zu früh zum Chelsea Park. Die Galerien an der Straße hatten noch geschlossen, ich setzte mich auf eine Bank und schrieb ein paar belanglose Zeilen in mein Reisetagebuch. Kurz nach neun stand ich am Treffpunkt. Eine ganz in Blau gekleidete Frau kam langsam auf mich zu, ging dann aber an mir vorbei. Ich wusste nicht, wie *Brook_Linh* aussah, ihr Account zeigte kein Foto. »Hey. Ich bin Linh«, plötzlich stand sie neben mir. Sie war mittelgroß, ihr schwarzes Haar hatte sie zu einem Zopf gebunden. Die Sonnenbrille passte zu ihrer Gesichtsform und ihrer dunklen Haut, ihre Füße steckten in dunklen, klobigen *Air Force One*. Sie passten zum weißen Oberteil und ihrer weiten, dreiviertellangen schwarzen Hose. Ihr Stil hatte etwas Asiatisches. Wir begrüßten uns, wie es nach virtuellem Vorlauf üblich war, und hatten das illusorische Gefühl, uns schon ein wenig zu kennen. Es schien nichts Neues zu beginnen, wir setzten nur etwas fort. Wir stiegen zusammen die Treppe hinauf und standen auf der Hochbahntrasse. Ein Schienenstrang lag da noch, auf vielfältige Weise bepflanzt und mit Kunstwerken bestückt. Bänke boten Aussicht, rechts und links die verwinkelten, alten Häuser, aber auch postmoderne Architektur. Der Blick hinunter auf die Straßen von Chelsea, die Galerien, Cafés und Shops. Stumm liefen wir den Weg entlang, zwischen den Häusern erschien ab und zu der Hudson River. Linh wohnte seit drei Jahren in Brooklyn, in einer WG mit zwei Freundinnen. Sie liebte die Stadt, vermisste aber ihre Muttersprache und las daher deutsche Bücher. Oft folge sie meinen Buchtipps.

Wir fanden ein Café und sprachen über die Bücher, die wir mochten. Wie klein die Ereignisse sein können, die dem Leben eine andere Richtung geben. Ich war froh, dass Linh mich kontaktiert hatte. Auf der High Line schon hatte ich gespürt, wie gut es tat, nicht allein an einem solchen Ort der Schönheit zu sein, sondern die Erfahrung teilen zu dürfen. *Brook_Linh* hatte sich unmerklich in Linh verwandelt, einen Menschen aus Fleisch und Blut. Mir fiel ihr einnehmendes Lachen auf, der unaufdringliche Blick und ihre leichte, fließende Art zu gehen. Ab und zu hatte sie mich beiläufig berührt, nur ganz kurz, am Arm oder der Schulter. Ich mochte diese ganz natürlichen Gesten, die unbeabsichtigt wirkten.

»Er hat sich sechs Jahre vorbereitet, bevor er über das Hochseil ging.« Sie hatte auch *Die große Welt* gelesen, wusste darüber aber viel mehr als ich. »60 Meter waren es zwischen den Türmen, er hat eine Dreiviertelstunde gebraucht.« Diese Aktion war ein unfassbares Kunstwerk gewesen. Die Twin Towers. Wir fuhren zum Memorial, ein würdiges, bedrückendes Denkmal. Der Blick auf die Skyline wirkte noch immer so, als hätte man der Stadt die Schneidezähne ausgeschlagen. »Die Leute hier sprechen immer noch darüber, über den 11. September; aber die älteren auch über den Hochseilartisten.« Linh erzählte von ihrem Leben und dem Alltag in der energetischen Stadt. Wir saßen zusammen, als sei das selbstverständlich, ein länger schon ausgemachtes Treffen oder beinah ein Wiedersehen. Wir gingen die Straße entlang bis zu meinem Hotel. Lange standen wir davor und kamen von einem Thema zum anderen. Aber dann zog sie los, es war fast Mitternacht, ihr Arbeitstag begann früh. Ich schrieb ihr später, wie schön ich unser Treffen gefunden hätte, und bedankte mich für ihre Offensive. Noch bevor ich schlafen ging, fragte sie, wie lange ich in der Stadt bliebe. Sie habe den Rest der Woche viel zu tun und erst am Samstag wieder frei. Am Samstagmorgen würde mein Flieger gehen.

Es fühlte sich nun seltsam an, ihr nur zu schreiben. Unser Treffen hatte etwas verändert. Es war gut gewesen, ihre Stimme zu hören, sich ihrem dezenten Blick auszusetzen. Ich hatte mich wohlgefühlt in ihrer Gegenwart. Zwei Tage wanderte ich allein durch die Stadt. Ich ging über die Brooklyn-Bridge, die mir zu voll war, sah mir eine Ausstellung über die Musikinstrumente des Rock im Metropolitan-Museum an, war aber auch davon eigenartig enttäuscht. Am Abend schrieb sie mir. »Vielleicht können wir noch frühstücken, bevor du abreist?« Ja, ich sagte ihr zu, auch wenn dafür nur eine knappe Stunde Zeit sein würde.

Ich fuhr mit der Subway nach Brooklyn, und Linh holte mich an der Station ab. Ihr strahlender Blick. Ich umarmte sie zur Begrüßung, und wir gingen in ein Café. Ich bestellte Pancakes, am letzten Morgen musste ich typisch amerikanisch frühstücken. Wir verloren uns im Gespräch über ein Buch von Daniel Schreiber. Linh hatte eine Lesung von ihm besucht, er hatte sich dem Thema *Zuhause* gewidmet. Hatte

111

man eins? Wie fand man es? New York war noch nicht Linhs Zuhause, wie sie erzählte, dafür brauche es länger. Ich hatte das Buch oft ausgeliefert, aber noch nicht gelesen. Ein Stammkunde hatte mir völlig ergriffen davon erzählt. Er behauptete, er habe zwar kein Zuhause, doch dieses Buch sei eins. War Hamburg mein Zuhause? Es fühlte sich noch nicht so an. Wir suchten nach Definitionen, holten Erinnerungen hervor und sprachen über Sehnsüchte, unsere Geburtsorte und den unwiederbringlichen Geschmack der Lieblingsgerichte aus der Kindheit. Über die Abiparty, Linh hatte das Kleid noch und ich den Anzug, auch wenn wir beides heute furchtbar geschmacklos fanden. Warum hob man die alten Klamotten auf? Wir beschlossen, jeder für sich, zu Hause gründlich auszumisten, um es wieder ein Stück mehr zum Zuhause zu machen — ohne belastende Erinnerungsstücke, die einen in der Vergangenheit festhielten. Ich holte uns einen zweiten Cappuccino, und wir teilten uns einen Brownie.

Irgendwann starrtest du auf die große Uhr über der Theke. »Dein Flug!« Es war zu spät. Vor einer halben Stunde hatte das Flugzeug, das mich nach Hause bringen sollte, abgehoben — während wir darüber philosophierten, ob wir überhaupt ein Zuhause hatten. Du hast kurz meine Hand ergriffen, dich erschrocken, aber dann lachten wir. Ich hatte noch einige Tage Urlaub. Ich war eigenartig froh, ich war erleichtert. Das Flugzeug war weg, aber ich war noch hier. Und du warst da. »Du kannst bei meinem Kollegen übernachten, er hat ein Gästezimmer. Ich habe morgen frei, wir könnten ...« Vor uns lag ein unverhofftes Wochenende. Und so hatte es begonnen, genau so.

19

Sie war die einzige Frau, die mir Ada auf dem Schiff nicht vorgestellt hatte. Und sie war die schönste auf offener See und im Hafen. Der letzte DJ legte auf, es war hell draußen, und die Leute hingen in den Seilen, lagen auf den Sofas, bewegten sich zwischen den Gezeiten. Zum Frühstück Alkohol — oder war das noch das Weitertrinken? Eine Verweigerung gegenüber dem anbrechenden Tag? Es war nicht meine Welt, ich kam aus dem Bett und wollte eigentlich etwas ganz anderes, vielleicht ein Frühstück im *Kaffee Stark* und eine Zeitung, ein paar Stunden umgeben vom Geruch guten Espressos. Ich war am Morgen bei meinem Freund erwacht und wollte meinen Koffer zu Ada bringen, aber die war nicht zu Hause gewesen und ich ziellos umhergelaufen. Nick hatte dann plötzlich vermeldet, Ada sei auf dem Schiff. Einige Zeit später stand auch ich dort, auf dem Partyschiff *Stubnitz*, und kannte nun alle mit Vornamen und eigentlich keinen von ihnen, in dieser Welt der Oles, Michas und Katjas, *nein, der andere Philip, nicht der, hast du den gesehen, willst du auch eine Line, nein, will ich nicht, noch immer nicht, was ist mit dir los, Mann.*

Ich ging zur Theke auf dem oberen Deck, der Kaffee war längst versiegt, den hatten die Tänzer abends getrunken. Nur

Nick, der alle Arten zu tanzen liebte, hatte auch ohne Drogen unendliche Ausdauer. Ich sah ihn auf dem unteren Deck, verschwitzt und mit einer kleinen Flasche Wasser in der Hand. Ich bestellte eine Cola. Aber die einzige Person, deren Namen ich nicht wusste und die ich am geheimnisvollsten fand, bestellte gleich für mich mit. Sie tauchte auf einmal hinter mir auf, bestellte Whisky-Cola und sagte über die Theke hinweg, auch in meine Cola gehöre Whisky. Ich war überrascht. Mir fiel das andere Wort wieder einmal nicht ein, und schon hatte ich Ja gesagt und einen Whisky-Cola in der Hand und kein Croissant. Der Drink wirkte umgehend, auch gegen meinen Widerstand, und sie zog mich hinunter in den Bauch des Schiffes. Ich folgte ihr, ohne ihren Namen zu kennen. »Komm mit tanzen, wenn wir schon hier sind ... Oder bist du einer der Männer, die immer am Rande der Tanzfläche stehen und mit dem Kopf nicken?« Nein, der war ich nie gewesen. Früher war ich allein tanzen gegangen, tatsächlich um zu tanzen und nicht der Frauen wegen. Aber das war lange her. An diesem Tag warf mich das Leben im hohen Bogen zurück in meine Vergangenheit. Aber die Gegenwart war besser.

»Ich heiße Linh«, rief sie mir zu, und ich war froh, dass mich ihr Name nicht vor allzu große Schwierigkeiten stellte. Nachher dachte ich mir, gut, dass wir uns nicht auf einer Tagung kennengelernt haben, auf diesen Tagungen, wo man Namensschilder trägt, und auf ihrem hätte dann »Linh«, »Thi« oder »Mai« gestanden, und wie hätte man das überhaupt aussprechen sollen? *Linh* also. Das klang doch ganz nachvollziehbar.

Ich versuchte mich heranzutasten. Sie war Asiatin, aber ob Korea oder Indonesien, ob Vietnam oder Thailand, das konnte ich damals noch nicht gut sondieren. Irgendwann später fand ich heraus, dass sie Vietnamesin war, und ich war ein bisschen erleichtert, immerhin ein Land mit Zen-Buddhismus. Doch im Grunde änderte das nichts, ich fand sie unwiderstehlich, egal woher ihre Eltern stammten. Und nicht nur das, sie bestand auch den für mich wichtigsten Test, der darüber entschied, ob ich mich auf sie einlassen konnte: Wir waren, abgesehen von Nick, die Einzigen auf dem Schiff, deren Geist nicht vernebelt, deren Blicke nicht glasig, deren Bewegungen nicht fremdgesteuert waren. Sie hatte nichts genommen, ich war mir sicher.

Linh redete gegen die tiefen Beats an. Eine mir angenehme Musik, sie klang wie von *Massive Attack*, nur ohne Gesang, etwas schneller, aber nicht viel, jedenfalls nächtlich und erregend — zur Unzeit dieser Uhrzeit, in der ich noch verklebt war, jedoch ganz unpassend. Aber die Musik drehte an der Uhr, nicht die Uhr an der Musik. Die Atmosphäre tat ihr Werk, der Whisky auch, und nach nur wenigen Augenblicken geriet ich in eine morgendliche Nachtstimmung.

Aber beinah hätte es mit einem Streit begonnen. Sie lehnte sich an eine Eisenkette an, die zwischen zwei Streben gespannt war. Die Streben wackelten in ihren alten Verankerungen. Ich konnte Linhs Vertrauen in dieses lockere Geländer nicht mit ansehen. Ich sah sie schon unten liegen, einige Meter tiefer, auf dem Grund des alten Schiffes. Mehrfach zog ich sie weg vom Geländer, aber sie lehnte sich doch immer wieder an. Wie verschieden man ein Risiko einschätzen kann, dachte ich, aber auch, dass ich in jedem Fall recht hatte. Es war gefährlich. Und sie leichtsinnig. Eigentlich war alles hier gefährlich, überall Stolperfallen, rutschige Planken und unerwartete Stufen. Das Leben war lebensgefährlich, ich dachte an die Zeilen Erich Kästners. Wie ich später begriff, war Linhs Risikoeinschätzung generell ihre Schwäche. Sie wusste nie, wie weit ein Auto noch von der roten Ampel entfernt war, wenn sie über die Straße eilen wollte, oder wann sie zum Bahnhof aufbrechen musste, um den Zug nicht zu verpassen. Ihr Vertrauen in die Welt hatte etwas Mutiges und Schönes, führte aber auch laufend zu kleinen Desastern. Ich musste sie regelmäßig warnen, und nicht selten riss sie die Augen auf — es wäre nicht zu schaffen gewesen, es wäre nicht gut gegangen. Im Nachhinein sah sie es auch immer.

Sie zog mich schließlich auf die Tanzfläche, ich war kurz unsicher, folgte ihr aber. Hauptsache weg vom wackligen Geländer und dem Abgrund dahinter. Wir tanzten, als existierte keine Zeit mehr, das Frühstück hatte ich längst vergessen, und dann küssten wir uns, eigentlich küsste sie mich. Und weil unser Kopf klar blieb, konnte es auch richtig beginnen mit uns. Am Nachmittag in ihrer WG lagen wir auf dem Boden, so müde, als hätten wir durchgemacht, weil die Atmosphäre das suggerierte. Wir hatten de facto genug Schlaf gehabt, nur bedeutet das nichts, inzwischen hatten wir Muskelkrämpfe.

Und so hat es mit uns begonnen. Alles kommt aus dem Wasser, und auf dem Festland ruderten wir weiter und steuerten aufeinander zu, den Kompass dieser Nacht im Blick, wir kamen und blieben zusammen, sehr schnell und mit dem Wind, nicht gegen den Wind.

20

Manchmal ging ich in die *Boutique Bizarre* auf der Reeperbahn, diese edle und feinsinnig-verruchte Fetischinsel, die sich eigentümlich abgrenzte von den Widerwärtigkeiten der Partymeile. Ich war vor allem Voyeur, hatte wenig Erfahrung in solchen Dingen, aber durch meinen einsamen Kopf rauschten nachts krude Fantasien. Ich fesselte Frauen oder sie mich, schlug sie zärtlich oder schob ihnen einen Knebel in den Mund, spreizte ihre Beine mit einer Stange und befestigte kleine Klammern an ihren Brustwarzen. Ich war Single, schüchtern und unerfahren.

Die pornografischen Filme stießen mich allesamt ab, in keinem von ihnen sah ich, was ich mir erträumte. Der Store dagegen gewährte mir Einlass in meine Traumwelt. Ich konnte Latexkleider anfassen, die Handschellen auf ihr Gewicht prüfen, in den Glasvitrinen die abenteuerlichen Erfindungen, die die Lust steigern sollten, bewundern, Klammern und Ketten, Dildos und Seile, Keuschheitsgürtel und Knebel in allen erdenklichen Größen und Formen. Ich kaufte nie etwas, höchstens mal ein Magazin. Was sollte ich mit einem Seil anfangen? Ich war also kein Stammkunde im eigentlichen Sinne, ich war nicht einmal Teil einer Szene oder Subkultur. Ich schaute mir die Sachen einfach gern an — Schaulust, das ist das passende Wort —, ich nahm Flyer mit, studierte die Veranstaltungshinweise, traute mich aber niemals aus meiner Höhle heraus.

Seit einiger Zeit arbeitete in dem Laden eine Frau, die ich auf Anhieb mochte und bald auch begehrte. Sie war zugewandt und warm, zumindest mir gegenüber hatte sie nicht den Panzer an, der sie gegen seltsame Kunden schützte. Sie erkannte mich schon bald und fragte mich jedes Mal, ohne dabei aufdringlich zu wirken: »Kann ich dir heute helfen?« Ich bedankte mich stets, traute mich aber zunächst nicht, ihren Rat zu suchen. Nach ein paar Besuchen fasste ich endlich Mut und fragte nach diesem und jenem, nach den Unterschieden zwischen Ketten und Seilen oder danach, wie sich Latex für eine Frau auf der Haut anfühlt. Sie antwortete immer mit großer Natürlichkeit, sie verbarg nichts und bewertete nicht, und sie sagte offen heraus, wenn sie etwas nicht kannte oder wusste. Sie fragte dann, ob sie eine fachkundige Kollegin holen solle — was ich immer verneinte. Ich wollte nur mit ihr reden.

Ich fragte Nick, wie ich eine Verkäuferin in einem Fetischstore herumkriegen könne. Er reagierte wie immer, gelassen und voller Selbstsicherheit: »Das ist auch nur ein ganz normaler Job, sie ist Fachverkäuferin. Frag sie einfach, ob sie mit dir ein Bier trinken geht.«

Ich musste grinsen bei der absurden Vorstellung, wie sie ein Weißbierglas in ihrer Hand hielt. Für *ihn* wäre es vielleicht eine Leichtigkeit, sie auf diese Weise anzusprechen, für mich aber völlig undenkbar. Sein Leben schien ein Tanz zu sein, er würde sie einfach auffordern. Was sollte ich aber tun? Was auch immer mir einfiel, nichts schien angemessen: sie zum Tanzen einladen, ihr Blumen bringen und fragen, wann sie Schluss hat, einen blöden Spruch machen — das alles kam nicht in Frage. Am Ende meiner Liste blieb mir nichts als meine nächtlichen Fantasien.

Dann traf ich unerwartet Ada in der *Toast Bar,* dieser schönen Bar auf St. Pauli. Sie saß dort mit ihrer Freundin Thi, einer Vietnamesin, die ich flüchtig kannte und die eine entfernte Ähnlichkeit mit meiner Lieblingsverkäuferin hatte. »Kennt ihr zufällig Leute, die in der *Boutique Bizarre* arbeiten?« Die beiden dachten nach, schüttelten dann den Kopf. »Was machst du denn da?«, fragte Thi. Ada grinste sie an: »Er nutzt den Laden als Museum und lässt sich inspirieren.« Ich lief rot an und bereute schon, mich aus meinem Schneckenhaus gewagt zu haben, sie konnten mir ja ohnehin keinen Kontakt vermitteln. »Ich höre mich um«, versprach Ada, »ich kenne immer jemanden, der jemanden kennt. Wen Spezielles dort?« Meine Beschreibung von dir lief auf lauter Klischees hinaus. Ich wollte das Wort »asiatisch« nicht benutzen, schon gar nicht in Anwesenheit von Thi, aber das schien unmöglich. Ich war kein Porträtmaler, mir fehlten die Worte für eine exakte Personenbeschreibung. Thi sagte schließlich: »Du meinst die Vietnamesin!« Ich nickte. »Aha! Du kennst sie also doch! Bist du etwa auch öfter in dem Laden?« Wir lachten alle drei. Sie kannte die Verkäuferin nicht wirklich, sondern hatte sie einfach nur gesehen. Was

Thi gekauft hatte, verriet sie mir natürlich nicht. Ich verließ die Bar, bevor ich ins Grübeln verfiel.

Je öfter ich über die Verkäuferin nachdachte, desto mehr wurde aus meiner Begierde echte Zuneigung. Sie war nicht mehr nur Objekt meiner sexuellen Fantasien, am liebsten wäre ich mit ihr eine ganze Sommernacht lang an der Elbe entlangspaziert. Sollte ich sie also zu einem Spaziergang einladen? Oder fragten so was nur Psychopathen? Mir wurde plötzlich klar, dass sie den besten Job überhaupt hatte, vollkommen geschützt vor Anmachen, denn wer traute sich so was schon? Die Szenegrößen gingen in der Boutique ein und aus, die Striptänzerinnen, Dominas und Betreiber von Fetischpartys, man kannte sich, und keiner von ihnen hatte es nötig, eine Fachverkäuferin anzugraben, sie waren wegen ihrer Expertise da. Und alle anderen trauten sich nicht, weil sie ihr drastische sexuelle Vorlieben unterstellten und sich ihr unterlegen fühlten. Dabei war jeder, der eine Domina suchte, bei ihr an der falschen Adresse, aber noch viel weniger hatte sie etwas von einer Sklavin, ihr fehlte jede devote Ausstrahlung. Sie war mit Abstand die forscheste Verkäuferin der Boutique, trotz ihrer sanften Stimme. Sie sprach ruhig und freundlich, schien aber jedem ihrer Sätze Nachdruck zu verleihen, als duldete sie keine Gegenrede.

Als sie mir einmal ein neues Magazin (Themenschwerpunkt Analsex) und ein Buch über die japanische Kunst des Fesselns empfahl, erwähnte ich beiläufig, dass auch ich schreibe. Sie wurde hellhörig und fragte mich aus. Was ich schreibe und ob ich etwas veröffentlicht hätte, ob es erotische Texte seien und und und. Ich war ganz überrascht, ich hätte nicht gedacht, damit bei ihr punkten zu können, weil das Schreiben — wie meine Vorliebe für Fahrräder oder meine vegane Ernährung — nicht gerade zu den männlichsten Attributen zählte. Aber sie sagte, sie lese viel, Murakami und Paul Auster, und mit diesen Selbstauskünften entstand in mir langsam ein konkreteres Bild von ihr, mit dem ich nachts schlafen gehen konnte.

Mit einer Kollegin sprach sie eines Tages über ihren Geburtstag, und ich war froh, das Datum aufschnappen zu können, der 24. September! In diesem Moment fasste ich den Entschluss, ihr eine Erzählung von mir zu schenken, das wäre meine Chance, sie endlich kennenzulernen. Wir hatten erst den 6. Juni, es war also noch Zeit zum Schreiben. Die nächsten Wochen ging ich nicht in den Laden und konzentrierte mich stattdessen auf meine Geschichte. Ich schrieb über eine Frau, die in einem Fetischstore arbeitete, und einen schüchternen Protagonisten, der sich in sie verliebte. Ich spitze den Plot zu wie in einem spanischen Film, den ich sehr liebte: In *Fessle mich!* von Pedro Almodóvar entführt der Held eine Pornodarstellerin, in die er sich unsterblich verliebt hat, um sie zu retten, und am Ende werden sie tatsächlich ein Paar. Ich mochte diesen magischen Realismus, dem man auch das Unwahrscheinlichste glaubte.

Mein Text wuchs schnell an. Die Verkäuferin war mir, während ich an ihm arbeitete, ganz nah, und das trieb mich an. Ich konnte sie schreibend verführen und lieben oder sie mich, jedenfalls kribbelte meine Haut. Auf dem

Papier war ich mutig. Der Protagonist überwand seine Schüchternheit und verführte seine Angebetete. Sie trafen sich in einer heißen Sommernacht am Elbufer, dort sollten sie tun, was ich wollte. Mein Held hatte nichts Grobes im Sinn. Ich stöberte in den Magazinen aus dem Store und erzählte entlang des dort Geschilderten, solange es mir nicht zu drastisch schien. Er fesselte sie, küsste dann aber nur lange ihren Hals, was sie wahnsinnig machte. Dann löste er ihre Fesseln, und sie ritt ihn, er kam in ihrem Mund und nahm sie erneut — so eine Fantasie gegen die biologische Realität gefiel mir. Welcher Mann hätte so viel Geduld und Ausdauer? Nur in den Filmen von Erica Lust konnte man ihm begegnen.

Als ich die Geschichte beendet hatte, ließ ich sie zu einem Heft binden. Da ich kein Cover gestalten konnte, schrieb ich von Hand *Átame! Eine Variation auf einen Film* darauf. Außerdem fügte ich ein Impressum hinzu, in dem zwar nicht mein Name stand, dafür aber meine Telefonnummer sowie ein Link zu Adas Tattoo-Studio, quasi als kleine Werbeaktion. Am Tag ihres Geburtstags marschierte ich vormittags mutig und bester Laune zur *Boutique Bizarre*, ich kannte inzwischen ihre Schichten und wusste, dass sie erst um drei anfangen würde, ich könnte die Erzählung also einfach für sie hinterlegen. Ich schämte mich im Stillen für keine meiner Zeilen, aber im realen Leben sah es anders aus; Autoren schreiben, um unerkannt ihre Botschaften in die Welt zu senden. Ich schlich geradezu in den Laden. Ich würde sehen, was geschah, und wenn nichts geschah, war es nicht

123

schlimm — ich würde nie wieder hingehen. Und so würde es beginnen. Oder eben auch nicht.

Das Erschreckende war, dass du deine Schicht getauscht hattest und mich plötzlich begrüßtest. »Willst du ein Glas Crémant? Ich habe Geburtstag!« Ich war verwirrt und unsicher, verneinte, zog das Geschenk aus der Tasche, gab es dir — und floh. Am späten Abend klingelte mein Telefon. Eine Stimme sagte mir, ich solle die Tür öffnen. Ungläubig drückte ich auf den Öffner, langsam kamst du die Treppe hinauf, in der Hand eine weitere Flasche. Du hattest Ada über ihre Website kontaktiert und ihr unsere Geschichte erzählt. Sie konnte sich erinnern, dass ich sie nach einer Verkäuferin gefragt hatte, und hatte keinen Moment gezögert. Sie gab dir meine Anschrift. Es war ihre Art, als Kupplerin zu fungieren. Ada versuchte schon länger, mich aus meiner Isolation zu holen, und nun hatte sie die Chance ergriffen.

Ich bat dich rein. »Du hast das hier für mich geschrieben, oder?« Ich nickte. Wir öffneten die Flasche und stießen auf dich an. Ich legte eine LP auf. Du löschtest die Kerze. Die Nacht sollte meiner Erzählung nicht gleichen, keine Fesseln, keine Handschellen. Das war deine Freizeit, das real existierende Leben. Wir liebten uns, leidenschaftlich, voll unendlicher Begierde. Nur zwei nackte Körper in einem großen Bett. Und so hatte es begonnen, so hatte es angefangen mit uns. So und nicht anders.

21

Seit Anfang des Jahres arbeitete ich als Aushilfe in einer großen Druckerei in der Nähe von Hamburg. Hier wurden Taschenbücher für die ganze Welt gedruckt, die Maschinen standen nie still. Ich war am Empfang tätig, begrüßte die Kunden und Vertreter, führte sie durch die unübersichtlichen Hallen zum Zielort, zu einer Druckabnahme oder in die Konferenzräume. Meine Schicht begann um sieben Uhr morgens, und ich war dankbar, nicht bis in die Nacht arbeiten zu müssen wie viele andere Angestellte.

Jeden Monat, meist in der letzten Woche, kam eine Frau zur Druckabnahme, der alle Arbeiter verstohlen nachblickten, auch ich. Sie war eine Ausnahmeerscheinung in diesen Hallen. Grazil und stets adrett gekleidet, freundlich und offen, dabei aber sehr bestimmt. Den halben Vormittag stand sie mit einem der Drucker an der Maschine, strich über das Papier, kontrollierte die Farben, diskutierte Alternativen und verwarf sie wieder, bis sie schließlich irgendwann grünes Licht gab. Sie erledigte ihre Arbeit mit großer Sorgfalt und Ernsthaftigkeit und verlangte das auch von allen anderen. Dann durften fünf nie gerade sein, dann gab es keinen Fusch, und erst wenn alles, aber auch alles, stimmte, lief die Maschine endlich an.

Im Dezember erschien sie nicht, und ich wurde unruhig. Lag es daran, dass das Jahr sich dem Ende zuneigte? Es gab Menschen, für die war die dunkle Jahreszeit eine so ernste seelische Bedrohung, dass sie krank wurden. Der Winter entzog allem die Farbe und das Licht. Die Kälte drang in einen ein, der Kampf gegen den Eisregen — das konnte einen niederstrecken. Wochenlang machte ich mir Gedanken, bis sie im Januar wieder da war. Doch etwas an ihrem Auftreten war anders, sie wirkte zurückhaltender, bedrückt. Selbst ihr Lächeln schien getrübt. Ich versuchte sie aufzuheitern, bot ihr Espresso und Kekse an, machte einen Scherz. Sie reagierte kaum. »Mir ist nur kalt. Ich hasse den Winter.« Ihre Schultern waren zusammengezogen. Still ging sie zu ihrem Termin, erledigte alles wie üblich, nur eine Spur schneller, und schon nach einer Stunde wurde ich gerufen, um sie abzuholen. »Jetzt muss ich wieder da raus. Mach's gut.« Meine Vermutung traf also zu, der Winter verwandelte sie in ein kraftloses Etwas. Mir fiel die Zeile eines amerikanischen Dichters ein: *Summer is the matrix, winter is the truth.* Ich behielt den Vers für mich, ihr Humor war längst eingefroren. Sie ging, und ich blieb zurück mit dem Gefühl, etwas tun zu müssen. Ich machte mir selten Sorgen um meine Freunde, aber diese Frau weckte in mir das tiefe Bedürfnis zu helfen — gegen etwas, gegen das es gar keine Hilfe gab. Obwohl es aussichtlos war, ich wollte den Winter für sie ändern.

Ich nahm ihre Visitenkarte aus der Kartei und suchte ihren Namen auf Facebook. Volltreffer! Ihr Profilfoto war umwerfend: In einem eng anliegenden Kleid und mit undurchdringlichem Blick stand sie vor einem Spiegel, hinter ihr an der Wand lehnte ein Fahrrad. Ein Schwarz-Weiß-Foto. Ich lud es runter und schämte mich sofort dafür, speicherte es aber trotzdem auf meinem Handy. In den nächsten Monaten sollten noch viele von ihr hinzukommen. Ich scrollte weiter durch ihr Profil und stieß auf eine dieser Fotoserien aus dem Passbildautomaten, sie küsste darauf eine Freundin. Prompt steigerte ich mich in eine Fantasie: Sie saß auf meinem Schoß, in diesem Automaten, viermal der unerwartete Blitz, und das zweite Foto zeigte, wie sie mich auf die Wange küsst. Ich würde den Automaten danach zumauern, nie wieder dürfte ihn jemand betreten. Allerdings standen diese Automaten draußen, in der Kälte. Wenn sie am Winterblues litt, müsste ich ihn vorher mit einer Heizung ausstatten.

Die virtuelle Welt kam mir entgegen: Es war gar kein Mut erforderlich, nur ein Klick, und schon war die Freundschaftsanfrage abgeschickt. Vorher wechselte ich mein Profilfoto. Das neue zeigte mich auf einem Bett sitzend und nur ein Unterhemd tragend, man sah meine Tätowierungen. Ich hatte mich wie sie im Spiegel fotografiert, ebenfalls in Schwarz-Weiß. Ich dachte mir, es würde gut zu ihrem Profilbild passen, und vielleicht machte es ja Eindruck auf sie. Und siehe da: Nach nur einer Minute hatte sie meine Anfrage bestätigt. Das Nachrichtenfenster sprang auf: »*How is it going?*« Ich konnte nicht fassen, dass sie mir sofort schrieb. »Gut, ich schätze, besser als dir«, antwortete ich und hoffte, ihr damit nicht zu nahe zu treten. Das Medium suggerierte Vertrautheit, ich jedenfalls war hier mutiger, als ich es von

Angesicht zu Angesicht gewesen wäre, und ging sogar noch einen Schritt weiter: »Gehst du heute Abend mit mir einen Wein trinken?« Es waren die längsten zwei Minuten meines Lebens. Dann endlich schrieb sie: »9 Uhr, *Möwe*.« Ich schrie auf vor Freude und entgegnete gut gelaunt: »*As you like it.*«

Ich fuhr mit dem Fahrrad durch den Hamburger Regen nach Hause und beschäftigte mich mit der Frage, was ich anziehen sollte. War das ein Date? In der Druckerei trug ich immer einen Anzug, darauf wurde am Empfang Wert gelegt. Ich konnte mich daher unmöglich schick machen, wir trafen uns privat, und ich musste privat erscheinen. Ich zog schließlich ein schwarzes *Fred-Perry*-Shirt an, eine enge schwarze Hose und meine neuen *Vans*, verließ die Wohnung, machte noch einen Umweg zum Geldautomaten und war trotzdem eine halbe Stunde zu früh in der Bar.

Dort traf ich zufällig Ada, sie saß im hinteren Raum mit Thi, die ich nur flüchtig kannte. Wie Thi mir erzählte, wollte sie sich einen Kirschblütenzweig tätowieren lassen, und Ada zeigte ihr nun die Entwürfe. Während ich den beiden zuhörte, wurde ich langsam nervös, ich hatte die irrationale Angst, dass meine Verabredung mich mit zwei anderen Frauen im Gespräch erwischen würde und dies ihr erster Eindruck des Abends wäre. Ada bemerkte meine Ungeduld und fragte, was los sei, und als ich es ihr erzählte, sagte sie für meinen Geschmack viel zu laut und viel zu überschwänglich: »Ein Date, Wahnsinn!« Ich ließ sie und Thi also einfach sitzen und verschwand wieder in den vorderen Raum. »Du hast ein Date!«, rief Ada noch einmal, aber ich drehte mich nicht mehr um.

Und da saßest du schon, an der Theke, und ich setzte mich neben dich. Wir bestellten Weißwein und redeten. Nicht über die Arbeit, sondern über die Jahreszeiten, den Winter. Wir lachten, deine Traurigkeit schwand, aber der Blick nach draußen ließ keinen Zweifel: Unter den Regen mischten sich Eisstücke. Am Ende des Abends nahmen wir uns vor, uns nun immer Ende des Monats hier zu treffen. Bald würde der Frühling kommen.

Doch schon zwei Tage später, noch im tiefen Winter, fragtest du mich, ob wir unser Treffen nicht vielleicht doch vorziehen sollten, und schon saßen wir wieder auf unserem Stammplatz. Und so hatte es begonnen. Es war nicht auszuhalten gewesen, dich so bedrückt zu sehen, also war ich auf dich zugegangen. Den Winter wollte ich verändern, um dich zu erobern. Heute mildern Kerzen und Tee, warme Decken und der Platz an der Heizung, Gedichte und Zimtsterne die Misere. Wir gehen auf Reisen, im Büro steht eine Tageslichtlampe, du hast eine Thermostrumpfhose und Wollsocken aus Norwegen. Ich führe dich in Thermalbäder, Dampfbäder und die Sauna. Ich dehne mich in einem Yoga-Kurs, nur, damit du mitkommst. Und ich lese dir Erzählungen vor: Sommergeschichten, Weihnachtsgeschichten und Reiseberichte. Du schläfst dann ein, mit der Wärmflasche im Arm. Ich hatte dich nicht gekannt, aber ich wollte, dass du glücklich bist. Ich war angetreten, eine Jahreszeit abzuschaffen. So hatte es begonnen. Genau so.

22

Ich kaufte regelmäßig in einem kleinen Asia-Markt ein, dessen freundliche Inhaberin, eine Vietnamesin mittleren Alters, ich sehr mochte. Ich konnte nicht kochen, versuchte es aber ab und zu und ließ mich von ihr beraten. Eines Tages, der Regen hatte mich erwischt, und ich war völlig durchnässt, eilte ich durch die Tür — und stand nicht vor der Inhaberin, sondern vor einer überaus hübschen jungen Frau, die ich noch nie gesehen hatte. Darauf war ich nicht vorbereitet, ich stotterte irgendetwas, das sie nicht verstand. »Linh, ich bin Linh«, stellte sie sich vor, also sagte auch ich meinen Namen, aber sie erwiderte, sie wisse, wer ich bin. Ich sei doch einer der Lieblingskunden ihrer Mutter, um den diese sich immer sorge. Sie war also die Tochter der Inhaberin, und ich fragte mich, wie es sein konnte, dass ich ihr noch nie begegnet war. »Du bist ungeschickt, oder?«, fragte sie und lachte mich an, vielleicht lachte sie mich auch aus. »Kochen kann ich jedenfalls nicht«, gab ich zu, aber so richtig lachen konnte ich über ihren Scherz nicht. Ich wollte nicht als Trottel dastehen, bei ihrer Mutter machte es mir ja nichts aus, aber bei ihr schon.

Von ihrer Mutter ließ ich mir für gewöhnlich alle Zutaten für ein Gericht in die Hände drücken, aber das kam mir jetzt zu unselbstständig vor, also behauptete ich, ich wolle Reis kaufen, wisse aber nicht, welchen. Linh führte mich zu dem langen Regal, auf dem sich die Säcke und Packungen stapelten, ich konnte die Aufschriften nicht entziffern. »Nimm Jasminreis«, empfahl sie, »vielleicht diesen hier.« Unsicher hielt ich die Packung in der Hand und fragte mich, was ich damit machen sollte. Ich hatte keine Ahnung, wie ich ihn richtig kochte, ich hatte nicht einmal einen Reiskocher. Sie schmunzelte, wahrscheinlich war mir anzusehen, dass ich völlig aufgeschmissen war. »Magst du Klaviermusik?«, fragte ich plötzlich, eine klassische Übersprungshandlung. »Du bist völlig nass, ist dir nicht kalt?«, fragte sie wiederum. Einvernehmliches Aneinander-Vorbeireden. »Nein, gar nicht«, log ich, »das ist ja nur Wasser.«

Aus dem Hinterzimmer holte sie ein gelbes, mit chinesischen Zeichen bedrucktes Sweatshirt, ein Werbegeschenk irgendeines Herstellers von Austernsauce, in einem überzuckerten Design, aber immerhin trocken und warm. Lächerlicher konnte es nun wirklich nicht mehr für mich werden, und ihr war das Vergnügen anzusehen, aber ihr Lachen war herzlich und warm, nicht spöttisch. Das war etwas, das ich später an ihr zu schätzen lernte: Von ihr geärgert zu werden hatte immer etwas Liebevolles. Es war schöner, von ihr geärgert zu werden, als von anderen geliebt.

In diesem Moment betrat ihre Mutter den Laden und brach bei meinem Anblick ebenfalls in Gelächter aus (auch so kann man in eine Familie eingeführt werden). Sie schickte Linh in den Feierabend, aber ich wollte nicht, dass sich unsere Wege trennten. »Was machst du jetzt?«, fragte ich eilig. Linh schien überhaupt nicht überrumpelt, im Gegenteil. »Ich nehme den großen Schirm und bringe dich nach Hause, du wohnst doch hier in der Nähe, oder?« Also liefen wir die Straße entlang, ich hielt den Schirm über uns und zitterte, aber das war mir egal, sie hatte sich bei mir eingehakt, und das fühlte sich ziemlich gut an. Ich nahm einen Umweg, damit ihr Arm nicht aufhörte, meinen zu umklammern. Als ich zum dritten Mal abbog, begann sie zu lachen. »Wohin führst du mich? Gehst du so gern im Regen spazieren?« Nein, also eigentlich ... »Na, dann kann ich ja noch mit rein, oder?« Ja, das konntest du.

Kaum in der WG angekommen, sagtest du, ich solle die nassen Sachen loswerden. Deine Klamotten waren trocken, trotzdem warst auch du ganz schnell davon befreit, und dann war es sofort ein Raufen, Küssen und Reißen, als hätten wir seit einer Ewigkeit darauf gewartet. Den Weg von der Wohnungstür durch den kleinen Flur an der Küche vorbei bis zu meinem Zimmer und vor meinem Futon lagen unsere Kleider verstreut. Mitten in der Nacht musste ich zur Toilette und fand deinen schwarzen Slip außen an meiner Türklinke, zusammen mit einem kleinen Zettel, auf dem mein Mitbewohner eine Nachricht hinterlassen hatte: »Eine heiße Frau? Gratuliere!« Ich lachte, und du fragtest, was sei, und ich sagte, nichts sei, und kam zurück zu dir ins Bett.

Deine Mutter würde die Geschichte immer wieder erzählen, wie wir uns kennengelernt haben, nämlich nur weil du dieses eine Mal am Anfang deiner Semesterferien im Laden ausgeholfen hast. Ich sei zwar leider kein Vietnamese, okay, aber ein Doktor und immerhin Christ, sie habe mich sogar schon mal im Gottesdienst gesehen. »Hättest du ihn nicht auch dort kennenlernen können?«, scherzte deine Mutter oft, aber dein Vater winkte immer schon ab. »Maria!«, so nannte er deine Mutter manchmal, aber sie fand das gar nicht witzig. Nein, in der Kirche hatte ich dich nicht kennengelernt, da hätte ich bis Weihnachten warten müssen, und ich wollte dich doch so sehr, nicht erst an Weihnachten. So hatten wir uns kennengelernt. Verführt hast du mich. Und mit lustigen Klamotten angezogen hast du mich. Und diesen Regen mag ich bis heute, weil er mich daran erinnert, dass nasse Sachen nicht ewig am Körper bleiben dürfen, sonst erkältet man sich. Aber wenn man nackt ist, dann erkältet man sich nicht, solange man mit dir nackt ist, dann ist das eher wie ein Energieschub fürs Immunsystem.

Inzwischen helfe sogar ich manchmal im Laden aus und kann den Leuten erklären, welcher Jasminreis wozu passt und wie er zubereitet wird. Meist aber schleppe ich die schweren Reissäcke ins Lager, räume die anderen Waren ein und zerreiße die leeren Kartons. Keiner kann so schnell Kartons zerreißen wie ich! So hat es begonnen. Genau so.

23

Ich war noch nicht lange in Deutschland. Kürzlich war ich von Dresden, wo es unbehaglich geworden war, umgezogen nach Viersen, und eines Tages fuhr ich mit der Regionalbahn Richtung Dortmund. Im Vierersitz saßen nur wir beide. Dein Haar war schulterlang und blond, es fehlte aber das Prinzessinnenhafte und Kühle, das oft damit einherging. Eine warme junge Frau mit offenem Lächeln. Ich hatte Lust, dich anzusprechen, wollte dich aber nicht stören; du hattest dich, nachdem du mir freundlich zugenickt hattest, gleich wieder deinem Buch gewidmet. Meine Eltern hätten den Kopf darüber geschüttelt, dass ich diese Gelegenheit hatte verstreichen lassen. Sie machten sich Sorgen um mich, weil ich schon seit Jahren keine Freundin hatte. Ein Mann allein, das sei etwas Unvollständiges. Erfolg zeigte sich nach ihren Kategorien durch die Gründung einer Familie, zumindest aber durch eine eigene Frau an der Seite. Ihnen war dabei gar nicht wichtig, ob ich eine Vietnamesin heiratete oder eine Deutsche.

Der Schaffner kontrollierte unsere Tickets und zeigte sich erstaunt darüber, dass ich einen gültigen Fahrschein besaß. Du hast empört aufgesehen und dein Buch nun so hochgehalten, dass nicht nur ich, sondern auch er den Titel lesen konnte: *Handbuch Rassismustheorie*. Ich musste schmunzeln, verzichtete aber wie du auf einen Kommentar. Als der Schaffner endlich ging und du im Begriff warst, den Blick wieder auf dein Buch zu senken, nutzte ich die Gelegenheit doch noch und sprach dich an. Ich sprach fließend Englisch und Französisch, beides hatte ich auf der internationalen Schule gelernt, die ich in Vietnam besucht hatte. Deutsch konnte ich dagegen kaum. Ich sprach dich erst auf Französisch an, weil ich dich beeindrucken wollte, und dann, als du mich wie erwartet nicht verstandest, im eleganten Oxford-Englisch. Ich erkundigte mich — ganz wie es bei uns üblich war — nach deiner Familie, wo sie her sei, was deine Eltern und Großeltern machten, ob du Geschwister habest und verheiratet seist, ob du studiertest und, wenn ja, was. Du schienst überrascht von meiner Fragerei, antwortetest aber reflexhaft in einem etwas gekünstelten Amerikanisch und mit sympathischen Fehlern.

Noch vor zweihundert Jahren hätte auch ein Europäer eine junge Dame auf diese Weise kennengelernt, und in manchen romantischen Seelen war das noch heute verankert. Die Frage nach deiner Arbeitsstelle ersetzte diejenige nach deiner Telefonnummer. Eine Woche später nahm ich mir zwei Tage Urlaub, um erneut nach Dortmund zu fahren und in den Asia-Markt zu gehen, in dem du als einzige Nicht-Asiatin einen Aushilfsjob hattest. So warb man um eine Frau und nicht über Tinder.

Es war heiß, ein extrem trockener Sommer, und vor dem

Markt stand ein Lieferwagen. Du warst damit beschäftigt, die bestellten Waren schnell nach drinnen in die großen Kühlschränke zu bringen und die leeren Kartons zu zerreißen. Ich tat so, als käme ich zufällig vorbei, und half dir, als du einen schweren Haufen Pappe in die Tonne wuchten wolltest. Du hast mich erkannt und in den Markt gebeten, doch ich mobilisierte all meine Selbstbeherrschung und ging nach diesem ersten Wiedersehen weiter. Nur mit Zurückhaltung gewann man eine Asiatin, und ich ahnte, dass die so unblonde Blondine der gleichen Behandlung würdig war. Vielleicht warst du, so hoffte ich, eine weiße Vietnamesin? Gab es das? Wenn ja, musste ich dich erobern!

Ich hatte schon gespürt, dass die Auffassung von Intimität in Deutschland eine ganz andere war. Überall knutschende, Händchen haltende Paare. In Asien zeigte man seine Zuneigung in der Öffentlichkeit nur indirekt, niemals würde man seine Frau vor anderen küssen oder ihr auf den Po hauen. Man gehörte doch schon zusammen, hatte ein festes Band geknüpft. Wer das anderen beweisen musste, führte keine gute Beziehung. Zudem war die Contenance, die man dem Partner gegenüber bewahrte, ein Zeichen der Liebe. Undenkbar, sofort in einem Hotel zu verschwinden.

Du kamst nicht in mein Hotel, sondern hattest dich mit mir für den nächsten Tag — ich würde mittags den Zug zurück nach Viersen nehmen müssen — zum Frühstück verabredet. Während ich vor der Konditorei auf dich wartete, riefst du an und fragtest, ob ich auch zu dir nach Hause kommen würde. Etwas überrumpelt stimmte ich zu und stieg zwei

Straßen weiter die Treppen hoch zu deiner kleinen Dachkammer. Es sollten zwei Nächte vergehen, bis wir die Treppe wieder hinabfanden, Hunger und totale Erschöpfung trieben uns vor die Tür. Ich ging Magnesium holen und du Brötchen.

Ich hatte meine Vorgesetzte angerufen und ihr etwas von einer Fischvergiftung erzählt, ich hätte in einem schlechten Asia-Imbiss gegessen. Dabei konnte man nirgends besser essen als in diesem vietnamesischen Restaurant mit der auffällig modernen Einrichtung, in das du mich mittags mitnahmst. Mit der Tochter des Inhabers, Thi, sprachst du länger Vietnamesisch, und ich war ganz irritiert, dass du unsere Sprache so gut beherrschtest. Erst jetzt erfuhr ich die Wahrheit: Dein Vater war Botschafter in Vietnam gewesen, wo du viele Jahre deiner Kindheit verbracht hattest. Dir fehlten die Kultur und die Menschen, deshalb war ich dir im Zug besonders aufgefallen. Du hattest sofort gesehen, dass ich Südvietnamese war. Aber du wolltest, dass ich dich als Deutsche wahrnahm und nicht als Exotin. Und so hatte es begonnen: Ich berührte deine vietnamesische Seite, und du machtest mich in Deutschland heimisch.

Meinen Vorvornamen wolltest du wissen, aber ich hatte gar keinen! Deine Haarfarbe mochte ich, aber die Haare waren gefärbt. Es sind Belanglosigkeiten, nur eins ist sicher: Wir hatten uns ineinander verliebt. Zwei Fremde im Zug, mit dem Glück vor sich, und wir hoben es auf. So hatte es angefangen, genau so.

24

Ich bewarb mich beim Sicherheitsdienst der Bahn und landete ausgerechnet in der Abteilung, die Graffiti-Sprayer jagte. Zuvor hatte ich eine Zeitlang als Fahrradkurier und dann als Gärtner gearbeitet, miserabel bezahlt und dem schlechten Wetter schutzlos ausgesetzt, weshalb ich dringend einen neuen Job brauchte. Nick hatte mir einen Link zur Stellenanzeige geschickt: »Du interessierst dich doch für Kunst — hier kannst du die Stadt davon befreien«, hatte er spöttisch geschrieben. Die Arbeit ging mir anfangs gegen den Strich, ohne das Werk der Sprayer war die Stadt farblos und langweilig. Aber dann deutete ich die Aufgabe auf meine eigene Art und befreite die Stadt fortan keineswegs von den kunstvollen Bildern, sondern nur von Schmiererei.

Ich fasste allein im ersten Jahr über zwanzig Jungs, alle kamen vor Gericht. Sie sprühten dumme Parolen auf historische Altbauten, ohne jeden Sinn für Ästhetik produzierten sie nur Vulgärtypografie. Je mehr ich von ihnen erwischte, desto mehr regte ich mich darüber auf, dass offenbar an jeden Idioten Spraydosen verkauft wurden, und ich stritt mich regelmäßig mit den Inhabern der Shops, in denen man die Farben bekommen konnte. Warum sollte jeder, der »*Punk is not dead*«, ein Hakenkreuz oder »Bettina, ich liebe dich« auf eine Mauer schmierte, den Ehrentitel *Sprayer* tragen?

Meine Fangquote war so hoch, dass ich die guten Leute ruhigen Gewissens laufen lassen konnte, wenn sie mir im Gegenzug versprachen, ein cooles Stück auf dem Wohnhaus anzubringen, das ich geerbt hatte. Wenn die Nachbarn am nächsten Morgen vor meinem Haus standen und über die Sprayer klagten, stellte ich mich neben sie und schüttelte gemeinsam mit ihnen den Kopf. Aber entfernen ließ ich die Kunstwerke nie. Ada kam häufig auf einen Wein vorbei und sah sich grinsend die Fortschritte auf meiner Hauswand an. Wie manche Menschen durch die Welt ziehen, um sich von berühmten Tätowierern verzieren zu lassen und so selbst zu einer Wanderausstellung werden, so wurde mein Haus mit der Zeit zu einer Sammlung bedeutender Graffitis.

Seit Jahren gab es allerdings eine Sprayerin in der Stadt, an die keiner von uns herankam. Sie verzierte Züge, Häuserfassaden und Brücken mit umwerfenden, meist asiatisch anmutenden Motiven. Die Künstlerin war schon mehrfach ertappt, aber niemals gefasst worden. Eine kleine, zierliche Gestalt im schwarzen Hoody, unter deren Kapuze lange dunkle Haare hervorkamen. Wenn sie irgendwo auftauchte, ging sie unheimlich schnell zu Werke und war genauso schnell wieder verschwunden. Wir Graffiti-Jäger mussten unweigerlich an Ninja-Filme denken und gründeten eigens eine kleine Sondereinheit, die ausschließlich aus klammheimlichen Fans bestand.

Ich war mir sicher, dass Ada wusste, wer die Sprayerin

war, aber ich biss mir die Zähne an ihr aus. »Du isst doch gern Sushi«, führte sie mich an der Nase herum, »kennst du die Tochter des Inhabers vom *Mikawa*? Sie ist es nicht!« Insgeheim freute ich mich aber über ihre Solidarität zu der Sprayerin und drang nicht weiter in sie. Ich begann, sämtliche Bilder, die sie in der Stadt hinterließ, zu fotografieren und in einem Album abzulegen. Ich schaute sie immer wieder an, verglich sie miteinander, suchte nach verborgenen Details, die mir Aufschluss über ihre Schöpferin gaben.

Die Bilder hatten außerdem gemeinsam, dass sich unter die asiatischen Motive auch andere mischten. Es gab etwa Notenzüge, Passagen aus Bachs *Goldberg-Variationen*, wie mir ein befreundeter Klavierlehrer erklärte. Es gab Figuren, die zwar von Drachen umzingelt waren, aber aussahen wie David Bowie. In einer Darstellung der Hölle trug der Teufel ein *Metallica*-Shirt und hatte Ähnlichkeit mit dem debilen Drummer der Band. Wer Augen hatte zu sehen, der konnte gar nicht anders, als sich in diese Künstlerin zu verlieben, so clever und witzig waren ihre Werke. Auf der Oberfläche erinnerten sie vielleicht an die Deko im Asia-Imbiss, aber darunter verbargen sich ganze Geschichten. Ich wollte mir diesen sprayenden Ninja allein deshalb angeln, um den Fisch dann wieder ins Wasser zu lassen — schließlich fehlte auf meinem Haus ein Kunstwerk von ihr. Ihr Bild würde meine bislang größte Trophäe sein! Dann fehlte nur noch Banksy, aber der würde dann schon kommen.

Eines Tages stand ich mal wieder in einem dieser Geschäfte und diskutierte gegen den trägen Typen hinter der

Theke an, da kamst du in den Laden. Ich zuckte zusammen: die schmale Gestalt, die schwarzen Haare, der Hoody — es passte alles zusammen. Ich glaubte nicht an Zufälle, und du auch nicht. Dein taxierender Blick, dein Zögern, du wusstest, dass ich keiner aus der Szene war. Ich konnte dir ansehen, dass du fast wieder gegangen wärst. Aber dann hätte es nie begonnen. Stattdessen hast du also gefragt: »Bist du fertig?« Deine Stimme war leise, aber klar. Der Typ hinter der Theke kannte dich offenbar, er ging ins Hinterzimmer und holte einen Beutel, der voll mit Dosen war. »I am Damo Suzuki« stand auf der schwarzen Leinentasche. »Was bedeutet das?« Ich wollte dich in ein Gespräch verwickeln, damit du nicht weglaufen konntest. »Nichts.« Du hast einen 50-Euro-Schein auf die Theke gelegt, genickt und den Laden verlassen.

Ich folgte dir zur U-Bahn. Ich bemerkte, wie du kritisch die neuen Graffitis auf den Waggons studiertest, und war mir jetzt ganz sicher, dass du es warst. Endlich war ich dir auf der Spur! Ein Typ auf einem Longboard mit Elektroantrieb raste an uns vorbei, er trug lächerliche karierte Shorts sowie ein *Metallica*-T-Shirt und versuchte vergeblich, dich zu beeindrucken, was du nur mit einem spöttischen Blick quittiertest. Ich nutzte die Gelegenheit, trat an dich heran und setzte zu einer spontanen Hasspredigt auf E-Bikes und E-Longboards an, auf das Übergewicht der Deutschen, das ja nun wirklich kein Wunder sei. Erst schautest du mich misstrauisch an, dann tautest du langsam auf, und auf deinem Gesicht zeichnete sich ein Grinsen ab. Mein Ehrgeiz war geweckt. Warum trugen deutsche Männer zu teuren Anzügen billiges Schuhwerk mit Gummisohle, warum waren die Deutschen generell schlecht gekleidet, liefen im Sommer in Shorts und Flipflops umher und im Winter in Moon Boots? Was waren das für Frauen, die in ihrem weißen Porsche Cayenne am Bio-Café vorfuhren und mit ihren Freundinnen beim Soja-Chai-Latte über ihre Männer und deren Affären lästerten? Was war das überhaupt für ein Leben? Ich übertrieb maßlos und suchte nach immer weiteren Boshaftigkeiten, um dich zu unterhalten. Ich kam mir vor wie die Erzählerin aus *Tausendundeiner Nacht*, ich redete und redete, als ginge es um Leben und Tod. Du hast nicht mehr aufgehört zu lachen, und so hatte es begonnen. Wer gemeinsam lacht, der ist verloren an die Liebe.

Wir stiegen in eine Bahn, ohne zu wissen, wohin sie fuhr, ich schaute mich um und sah genügend Gründe, um die Welt mit Spott zu überziehen. Doch stattdessen entschied ich mich, das Schöne zu sehen, und wandte mich dir zu: »Du bist die aufregendste Frau, der ich seit Langem begegnet bin. Du bist die Sprayerin, die die ganze Stadt sucht, richtig? Ich kenne alle deine Bilder, ich habe sie abfotografiert und gucke sie mir immer wieder an. Ich warte seit Monaten darauf, dich zu treffen.« Ein paar Sekunden lang hast du nichts gesagt, mich nur erstaunt angesehen. »Du hast Fotos von meinen Bildern geschossen?«, hast du schließlich gefragt. Ich nickte und zeigte dir den Ordner auf meinem Handy, es waren 47 Stück. »Eins fehlt«, hast du gesagt, nachdem du dir jedes einzelne genau angesehen hattest. »Es kann keins fehlen, ich habe jeden Winkel dieser Stadt abgesucht!«

Nicht jeden, wie sich herausstellte. Das fehlende Bild bedeckte die Wand über deinem Bett in dem Atelier, in dem du damals wohntest. Keiner kannte es — außer Ada, deiner sich in Schweigen hüllenden Freundin. Am nächsten Morgen öffnete ich die Augen, du lagst nackt neben mir. Du hattest dich die ganze Nacht nicht bewegt, und die unfassbare Ruhe deines Körpers ließ mich selbst so tief versinken, dass mein Kopf nicht einmal gewagt hatte zu träumen. Ich war vor dir wach, bewachte deinen Schlaf und schaute mir das große Bild über dem Bett an. Ein Film hatte dir offensichtlich als Vorlage gedient: *In the Mood for Love* — das war auch einer meiner Lieblingsfilme. Eine elegant gekleidete Frau in einem ärmellosen grünen Kleid lehnt an einer Hauswand. Sie schaut nach unten, ihre Hände umschließen eine schwarze Handtasche. Ihr gegenüber ein Mann im dunklen Anzug, sein Blick richtet sich ebenfalls nach unten, fast so tief, als verbeuge er sich vor ihr. Die Szene ist schwer zu deuten, strahlt aber den Ernst einer großen Liebe aus. Wie viel ein Kino wohl zahlen würde, um so ein Kunstwerk im Foyer zu haben? Als Illustratorin würdest du reich werden, das ahnte ich schon damals. Heute zieren tatsächlich auch legale Bilder von dir viele Wände, etwa in Noras Yogastudio in Köln. Nächtelang hast du daran gearbeitet, und morgens roch es noch nach Farbe, gegen die Räucherstäbchen anbrannten.

Ich kündigte am Tag nach unserem Kennenlernen, und du stiegst aus der Szene aus. Wir waren beide auf einen Schlag »Ehemalige«, Alumni mit Straßenabitur, und ein Jahr darauf heirateten wir. Es war eine schillernde Geschichte, die sich sowohl meine Ex-Kollegen als auch die Leute aus deiner Szene erzählten: Der erfolgreichste Grafitti-Jäger heiratete die Ninja-Königin der Sprayer. Keiner war nachtragend, unsere Hochzeit auf der *Stubnitz* war ein rauschendes Fest. Mein Trauzeuge Nick sprühte mir den »*Check-your-Head*«-Schriftzug des *Beastie-Boys*-Albums auf den Rücken. Unsere Freunde betranken sich, während wir in einer der Kojen verschwanden. So hatte es mit uns begonnen, so und nicht anders.

25

Mein ganzes Studium lang jobbte ich im *Powerage*. Drei
Abende pro Woche bediente ich mich aus der großen Platten-
sammlung hinter der Theke, beschallte die schwarz gekleide-
ten, lieben, bierseligen Gäste mit *Slayer* bis *Slipknot*. Das Einzige, was mir am Job nicht passte, war der Mangel an attrak-
tiven Frauen. Es war eine Männerbar, dagegen hatte ich gar
nichts, aber meine Vorliebe galt eben den Frauen. Und nie
schaffte ich es, eine Schicht am begehrten Gothic-Abend zu
ergattern, dem einzigen Abend, an dem es vor Frauen nur so
wimmelte, viele von ihnen echte Schönheiten. Mein Kollege
Nick war auf diese Schicht abonniert, unser Playboy, dem
zwar nichts ferner lag als düstere Musik, aber auch nichts
näher als schöne Frauen. Er liebte die langhaarigen, bleichen,
feingliedrigen Mädchen, die in schwarz gefärbten Hoch-
zeitskleidern, Latexkorsetts und Halsbändern aufkreuzten
und deren sexuelle Vorlieben einen schlicht umhauten, auch
wenn ihre Musik nicht leicht zu ertragen war. Nick hatte
extra ein paar alte *The-Cure*-LPs in seinem heimischen Plat-
tenregal stehen, quasi seine Scheiben für Frauenbesuch. Am
nächsten Morgen hörte er die *Beatles*, und die Girls traten die
Flucht an.

Ich war an den Hardrock-Abenden da, an dem nur alte Männer kamen, die *AC/DC* schon in den frühen 80ern live gesehen hatten und heute unter Schwerhörigkeit litten. Manchmal kamen Mitglieder der Rockerclubs, und darunter gab es sogar die eine oder andere ansprechende Frau, aber ich wollte mein Leben nicht vorschnell beenden, indem ich einer schöne Augen machte, die mit dem Hells-Angels-Chef liiert war.

An jenem Abend bist du im *Powerage* aufgekreuzt, zusammen mit einer Freundin. Schon von Weitem bemerkte ich deine außergewöhnliche Erscheinung. Du hattest ein enges schwarzes Kleid an und darüber ein *Metallica*-Fanshirt, es war von Lars Ullrich signiert, dem schlichten Schlagzeuger der Band. Ich versuchte gerade noch, mit dem Widerspruch zwischen deinem Aussehen und der Tatsache, dass du dieses T-Shirt trugst, klarzukommen, da hattet ihr schon die Theke erreicht. Deine Freundin bestellte Gin-Tonic, du warst noch mit der Auswahl beschäftigt. »Einen Weißwein, bitte«, sagtest du schließlich, deine Stimme war leise, aber bestimmt. Keiner sagte hier *bitte,* und vor dem Weißwein warnte ich dich inständig, aber du hast dich nicht davon abbringen lassen. »Karneval beginnt erst am 11.11.«, sagte ich dann und zeigte auf dein Shirt. Kurz warfst du mir einen bösen Blick zu, dann lächeltest du; so leicht warst du nicht aus der Ruhe zu bringen.

Ich sah die LPs durch. Der Chef hatte einen guten Geschmack, und obwohl sich auch Abseitiges fand, *Metallica* kamen ihm nicht ins Haus. *Anthrax, Slayer, AC/CD,* sogar *Kiss,* aber keinesfalls *Metallica*. Ich hätte sonst auch gekündigt. Nun hatten aber die ersten beiden anziehenden Frauen seit Jahren den Laden betreten, was sollte ich tun? Du nipptest an dem sauren, falsch temperierten Weißwein, und ich legte *Korn* auf. Eine seltene Aufnahme, auf der sie zusammen mit dem Sänger von *Slipknot* ein *Beastie-Boys*-Stück coverten. »Rappt nur Corey?« Du kanntest dich also aus, trotzdem fiel es mir schwer, dich ernst zu nehmen. Meine Verachtung gegenüber deinem Bandshirt war grenzenlos, aber in meinen Augen auch absolut gerechtfertigt; kaum einer war so stilsicher wie ich, davon war ich überzeugt. Dass diese bornierte Arroganz in Wahrheit von meiner Unsicherheit herrührte, kapierte ich erst Jahre später. Ich war damals der Ansicht, ein gesundes Maß an Intoleranz dürfe sich jeder erlauben, und sie mache die Welt doch eindeutig schöner! Musste man den Leuten denn alles durchgehen lassen?

Du wusstest um deine Ausstrahlung und spürtest die Blicke der männlichen Gäste auf dir. Sie waren nicht gerade, was euch anzog. Bierbäuche und lange Haare, mitunter ungepflegt, eine schlechte Körperhaltung, liebliche, nicht zum sonstigen Erscheinungsbild passende Stimmen. Die Metal-Szene war schon speziell. Bei den Pärchen waren entweder beide dick, geformt von Tiefkühlpizza und Dosenbier, oder einer dünn und klein und der andere dick und groß.

Auch meine Blicke hast du bemerkt, ebenso meinen Zwiespalt, was dich sichtlich amüsierte. Ich überwand meinen Widerwillen, übte mich in Toleranz — es war ja nur eine Band! — und beschloss, dich einzuladen. Als deine Freundin am Ende des Abends zahlen wollte, ihr hattet beide viel getrunken, sagte ich: »Zehn Euro«, obwohl es dreimal so viel gewesen wäre. »Das ist ja billig hier«, sagte sie ehrlich erstaunt und zahlte, ohne zu zögern. Du wusstest sofort Bescheid, ein leises Danke drang an mein Ohr. Dann wart ihr weg. Ich sah auf die ins Schloss fallende Tür, ein tragischer Moment. Ich war wieder allein mit den langhaarigen Männern.

Eine halbe Stunde später, gegen zwei, warst du zurück. Du hattest dich umgezogen, im schlichten schwarzen Shirt kamst du zur Theke. Ich starrte dich überrascht an. »Moscow Mule, bitte.« Ich schüttelte den Kopf: »Keiner sagt hier *bitte*.« »Dann bin ich eben die Erste.« Ich war heilfroh, dass du zurückgekommen warst. Vielleicht hatte deine Rückkehr sogar mit mir zu tun, oder wie sollte ich sonst das schwarze Shirt deuten? Hattest du bemerkt, dass ich weder Alkohol trank noch anderen Substanzmissbrauch betrieb? Hattest du das Buch von Paul Auster gesehen, das zusammen mit meinen anderen Sachen in der Ecke der Theke lag? Irgendwie war ich dir jedenfalls als gute Partie erschienen, so hoffte ich, zumindest für diesen Abend. Und so hatte es begonnen.

Wir redeten und flirteten nach allen Regeln der Kunst, einmal verscheuchte ich einen Typen im *Kreator*-Shirt, der dich anquatschte. Ich sagte ihm, du seist meine Braut, und du lachtest über den Ausdruck, spieltest aber mit: »Ich bin seine ... nun ... Braut.« Die anderen Gäste störten mich zunehmend, es war spät geworden. Ich griff zu einer wirksamen Waffe und legte *Sade* auf, nach ein paar Minuten war der Laden leer. So was ertrug hier keiner, *go home music*. »Du hörst *Sade*? Willst du, dass auch ich gehe?«. Ich erläuterte dir, warum Sade Adu für jeden Mann — jenseits der Metal-Szene zumindest — von großer Wichtigkeit sei. Du sagtest entschlossen, wenn ich das zu Hause auflegen würde, wärst du sofort weg. »Warum solltest du bei mir zu Hause sein?«, fragte ich belustigt. Wir grinsten uns einvernehmlich an. Ich beruhigte dich und zählte dir meinen Soundtrack für deinen Besuch auf, *Nine Inch Nails,* Marylin Manson und Nick Cave, und damit konntest du durchaus leben.

Ich putzte die Theke, schloss ab, aber du machtest noch immer keine Anstalten zu gehen. »Zeigst du mir die Wohnung oben?« Du meintest die Wohnung über der Bar, in der die Bands unterkamen, die hier auftraten, und die ansonsten leer stand. Woher auch immer du davon wusstest, hattest du mir soeben ein sehr eindeutiges Angebot gemacht, das sogar ich verstand. Ich wurde nervös. Wir gingen hoch, ich fand den Lichtschalter nicht sofort, aber das war auch gar nicht nötig. Ich spürte deine Hände, du zogst mich an meiner Gürtelschnalle heftig zu dir, griffst mir in die Haare, und irgendwann lagst du gebeugt über der Sessellehne. Es war der Wahnsinn. Später taumelten wir erschöpft die Treppe hinunter in die Bar, du durchsuchtest die LPs, und wir hörten *Rage Against the Machine.* Unsere Haut kribbelte noch, aber das hieß noch lange nicht, dass wir genug hatten. Ich hob dich auf den Flipper, von unten blinkten die Lichter, und schob dein Kleid wieder hoch. Das Ende der Platte war längst erreicht, die Nadel gab ein monotones Geräusch von sich.

Irgendwann tranken wir Whisky-Cola, um unseren Kreislauf zu retten. So hatte es begonnen, Hardcore sozusagen.

Wir gingen zu mir, und am nächsten Morgen erfuhr ich deinen Namen. Ich trug mein AC/DC-Shirt, und du schütteltest den Kopf. Ich gestand dir, dass ich viel lieber Jazz oder klassische Musik hörte, vor allem Klaviermusik, und dass ich nicht einmal für Geld nach Wacken fahren würde. Am zweiten Tag hast du gefragt, ob ich mit zu dir kommen wollte, und nachdem wir getan hatten, was zu tun war, bis uns alles weh tat, hast du dich ans Klavier gesetzt. Ich lag auf dem Sofa, mein Bandshirt hatte ich auf Links gezogen, um dich zu verschonen, und hörte zu, wie du eine Beethoven-Sonate spieltest. In diesem Moment verliebte ich mich in dich. »Du magst Bach?«, fragte ich verzaubert. »Ja, vor allem die *Goldberg-Variationen*.« »Schläfst du etwa schlecht? Davon habe ich bisher nichts bemerkt.« »Wir haben doch gar nicht geschlafen, seit zwei Tagen haben wir fast gar nicht geschlafen.« Du spieltest die ersten Takte der *Goldberg-Variationen* und schautest mich dann an. Und so hat es begonnen mit uns, genau so.

26

Wir lernten uns vor einer geschlossenen Pommesbude neben einem Fitnessstudio kennen, in völliger Verzweiflung vereint. Du hast an der Tür gerüttelt und heftig den Kopf geschüttelt, wütend und ungehalten. Ich wusste nicht, ob ich dich oder die verschlossene Tür anstarren sollte. Die umstehenden Leute lachten über uns, sie sahen aus wie Sportstudenten. Selbst nach dem Workout würden sie sich nicht der Mayonnaise hingeben. So hatte es begonnen.

Du warst von deiner Freundin Nora überredet worden, mit zu einem Anfänger-Yogakurs zu gehen. Für euch begannen damit sehr unterschiedliche Laufbahnen — sie zum Yoga hin, du eher Richtung Pommes. Mir hatte der Betriebsarzt ins Gewissen geredet: Wenn ich nicht anfänge, etwas für meinen Rücken zu tun, dann wäre der bald eine Zeitbombe. Wiederwillig hatte ich also das Angebot des großen Studios durchkämmt und mir schließlich beim Blick auf den Yogakurs gedacht, dass dort wenigstens die Wahrscheinlichkeit hoch war, von wohlgeformten Frauen umgeben zu sein. Warum sonst besuchten Männer Yogakurse? Für mein Wohlbefinden brauchte ich eigentlich eine Frau, keinen Yogakurs.

Meine Mutter hatte mich in den letzten Monaten am

Telefon regelmäßig gefragt, warum ich immer noch keine Freundin hätte. Sie meinte damit: jemanden, der sich um mich kümmerte, mich zur Geselligkeit trieb und die Einsiedelei überwinden half, jemanden, der mich erst vollständig machte. Auch du musstest dir diese Frage laufend anhören, und als wir später über unsere Mütter sprachen, dachten wir zeitweise, vielleicht sind wir, ohne es zu wissen, Geschwister, so ähnlich waren ihre Werte und Marotten. Du hast über den Gedanken gelacht, aber mich ließ die Drängelei meiner Mutter nicht kalt. Die Worte der eigenen Eltern dringen eigentümlich tief ein. Indem meine Mutter immer wieder diese Frage stellte, fing ich erst an, darüber nachzudenken, ob ich vielleicht tatsächlich unvollständig war. Und ja, wenn ich ehrlich zu mir selbst war, fehlte mir eine Frau. Aber was tun? Ich mied Tinder, und es kam mir nicht in den Sinn, beispielsweise nur wegen einer gemeinsamen Abneigung gegen *Metallica* gleich an Beischlaf zu denken. Also lernte ich in der Regel niemanden kennen. Zumindest nicht so, dass daraus etwas entstehen konnte.

Aber nun rütteltest *du* wütend an der geschlossenen Tür der Pommesbude und amüsiertest mich damit. Ich war nicht nur wegen der Frauen zum Yoga gegangen — sondern auch wegen der Pommes danach. Es ist wie im Freibad: Wer nach dem Schwimmen keinen Heißhunger auf Pommes verspürt, dem ist nicht zu helfen. Ich nahm meinen Mut zusammen und lud dich zum Pommes-Essen woandershin ein, wir würden schon eine Alternative finden. Wie ich erfuhr, warst du noch nicht lange in Hamburg, es gab also Kultstätten, die du noch nicht kanntest. »Wir können zur *Kleinen Pause* fahren«, schlug ich also vor, »nur zwei Stationen von hier.« Da du nichts mehr zu verlieren hattest, hast du dich mit mir zur Bahn geschleppt, den Tränen nahe — ein Leben ohne die Pommes danach ...

Ich fuhr mit dir nach St. Pauli und machte von dort aus einen Umweg, weil ich nicht so schnell das Ziel erreichen wollte. Es hatte begonnen zu regnen, und du haktest dich bei mir ein, um mit unter meinen Schirm zu passen. Es war einer der seltenen windstillen Tage; wenn wir eng beieinander liefen, traf der Regen uns nicht. Es war ein angenehmes Gefühl, an deiner Seite zu gehen.

In der *Kleinen Pause* war viel Betrieb. Die Leute kamen aus Schwimmbädern, Fitnessstudios oder Bars hierher und freuten sich über die exorbitante Menge Mayo, die mit einem großen Schöpflöffel auf die Pommes geklatscht wurde. Du hast dir auf meinen Rat hin eine große Portion mit mir geteilt. Vom selben Teller zu essen erschien uns als intimer Akt — es war nun schon der zweite, nachdem wir uns bereits beim Yoga in der letzten Reihe gemeinsam abgemüht hatten. Ich bog tausendmal lieber die Frittengabel als meinen Rücken. Anschließend bestellte ich uns Averna mit Eis und Zitrone. Eigentlich wäre Jägermeister oder sogar Underberg das passendere Gegengift gewesen, aber ich bevorzugte die sizilianische Variante, mein Ururgroßvater war immerhin Italiener. Es würden an diesem Abend noch einige Gläser folgen. Im Nachhinein bin ich mir sicher, dass ich dich mit dieser Kombi aus Pommes und Averna erobert habe!

Ich wohnte nur ein paar Straßen weiter, wir wankten lachend durch die Nacht. Und dann habe ich dich gefragt, ob du noch mit hochkommst, diese plumpe und doch genau richtige Frage, irgendwie muss man schließlich beginnen. Ein Nein hätte mich nicht gewundert, aber in dieser Nacht hast du Ja gesagt, und dann hast du sehr oft und zu sehr vielem noch Ja gesagt, nur nie wieder zu Yoga. Unser Averna-Konsum führte nicht nur zu außerordentlicher Betrunkenheit, sondern auch zu außergewöhnlichen Sinnesfreuden; wir befreiten uns von Klamotten und falschem Schamgefühl. Am nächsten Morgen griff ich zum Bleistift und schrieb an die Wand über dem Bett ein Zitat von William Blake: »Wer begehrt, aber nicht handelt, brütet die Pest aus.«

Deine Freundin Nora wurde später eine in der Szene bekannte Yogalehrerin, und wir gingen zu ihren Vorträgen, wenn sie in Hamburg war, die einzigen nicht-geschmeidigen Menschen im elastischen Publikum. Aber immerhin hatte ein Yogakurs uns zusammengebracht, und daher begegneten wir der Sache mit Sympathie. Pommes gehörten dazu, sie würden gekreuzt unser Familienwappen zieren, wenn es so etwas heute noch gäbe. Zusammen mit dem dritten Averna, der uns mutiger gemacht hatte. So hat es begonnen. Genau so.

27

Vor einigen Jahren verlegten sie unsere Einheit von Minden
nach Hamburg, organisatorisch waren wir angesiedelt zwischen Bundespolizei und Bundeswehr. Ich war froh, die pro-
vinzielle Kaserne endlich zu verlassen. Die Aufseherin dort
hatte ein hartes Regime geführt, vor ihrem Drill hatten
selbst die toughesten Kerle Angst gehabt. In Hamburg waren
wir in zwei Etagen über der legendären Pommesbude *Kleine
Pause* untergebracht, wir waren laufend dort und wurden in
kürzester Zeit deutlich fetter.

Trotz der strengen Aufseherin war die Arbeit in Minden
eine Leichtigkeit gewesen gegenüber der harten Realität Hamburgs. Dort war eine unserer Hauptaufgaben, den Drogenhan-
del einzudämmen. Ein Einsatz führte uns auf ein Partyschiff,
die *Stubnitz,* wo wir ein paar stadtbekannte Dealer hochneh-
men sollten. Wir waren drei Beamte, die sich als Techno-Fans
tarnten. Unsere Schicht begann am frühen Morgen, wir lösten
die Kollegen ab, die die Nacht über auf dem Schiff gewesen
waren. Um sieben Uhr also stand ich partytauglich auf dem
Deck, bestellte mir sofort einen Whisky-Cola und observierte
die Menge. Doch der DJ spielte so gute Musik, dass auch ich
schließlich anfing zu tanzen und die Arbeit Arbeit sein ließ.

Um elf verließ ich benebelt die Tanzfläche. Ich hatte drei Frauen ausweichen müssen, die in ihrer MDMA-Wolke glaubten, sie seien nackt, und sich an mir rieben — aber das ging nicht, ich war schließlich im Dienst. Ja, es war mir wieder eingefallen, wir waren im Dienst und nicht zum Feiern hier. Auf der Reling nahm ich mein Funkgerät, meldete mich beim Vorgesetzten und berichtete, dass die Ermittlungen nichts ergeben hatten. »So ist es nun mal«, sagte mein Chef und schmatzte dabei, er war offenbar schon dabei, seine vormittägliche Portion Pommes zu verdrücken. Er bedankte sich für die Sonderschicht und wünschte mir einen guten Schlaf. Ich verließ das Schiff, setzte mir Ohrstöpsel rein und schaltete meinen MP3-Player ein: *Love-Songs for Nosebears Vol. 3* von *Metallica*. Ich mochte die Band, vor allem den Schlagzeuger, dessen intellektuelle Fähigkeiten mir immer ein Vorbild gewesen waren.

Am darauffolgenden Montagmorgen hielten wir eine Lagebesprechung ab. Unzufriedenheit hatte sich im Team breitgemacht, wir waren alle der Überzeugung, dass wir für das harte Hamburger Pflaster eine neue, bessere Waffe brauchten. Mein Chef, dessen Fernseher rund um die Uhr lief, war ein unverbildeter Mann und hatte die zündende Idee: Wir würden Ninjas einsetzen! Das gesamte Team war begeistert, nur die Gleichstellungsbeauftragte hatte einen Einwand: »Meine Herren, Sie wollen Ninjas buchen? Dann plädiere ich dafür, dass Sie nur Frauen beschäftigen, um die Quote zu erfüllen!« Sich mit ihr anzulegen war keine gute Idee. Unser Chef sah kurz in die Runde, dann sagte er ihr zu: dann eben nur Kämpferinnen. Die operative Umsetzung wurde mir zugeschoben.

Zunächst musste ich mich aber mit der wichtigen Frage auseinandersetzen, ob ich rot, rot-weiß oder nur weiß nehmen sollte. Ich entschied mich für rot-weiß mit frischen Zwiebeln und verschwand in die *Kleine Pause*. Erst gegen halb drei, nach zwei doppelten Jägermeistern aus der gegenüberliegenden Bar, saß ich wieder am Schreibtisch. Mit 23 Grad war es eigentlich viel zu heiß zum Arbeiten, aber die neue Aufgabe hatte meinen Ehrgeiz geweckt. Ninjas! Im Schrank fand ich ein altes Branchenbuch und stieß dort auf die *Vietcong Ninja Women Booking Agency*, die sogar in der benachbarten Paul-Roosen-Straße residierte. Von der Marke *Paul Rosen* besaß ich ein Hemd — nicht schlecht für einen Modedesigner, eine Straße nach sich benannt zu bekommen. Ich mied den unpersönlichen Umweg über Mails oder das Telefon und nahm mir vor, am nächsten Vormittag in der Agentur vorstellig zu werden. Ein Blick in die Augen sagte mehr als tausend Worte.

Um zehn Uhr, ich hatte nur eine kleine Pommes zum Frühstück genommen, weil es zu Hause schon Croissants gegeben hatte, klingelte ich an der schwarzen Tür in der Paul-Roosen-Straße. Sie öffnete sich geräuschlos, und ich betrat einen nüchternen Raum mit einem Tisch und zwei Stühlen. Auf dem Tisch stand ein Schild mit der Aufschrift: »Setzen Sie sich!« Ich nahm also Platz und schaute mich um. Neben mir an der Wand hing ein Bruce-Lee-Poster, signiert vom Meister höchstselbst: *»For my hot Vietcong Girls!«* In einer

Ecke des Raumes stapelten sich große Reissäcke, Pommes standen hier offenbar nicht hoch im Kurs. Ich drehte mich wieder zum Tisch und zuckte vor Schreck zusammen. Mir gegenüber saß eine schwarzgekleidete Asiatin und taxierte mein *Metallica*-Shirt. Sie war nicht sehr groß, hatte tiefschwarzes Haar, das streng zu einem Zopf gebunden war. Ich hatte sie nicht kommen hören, nicht einmal die Anwesenheit einer Person gespürt. Wie war sie auf ihren Platz gelangt?

»*How is it going?*«, fragte sie mit einem undurchdringlichen Lächeln. »Was kann ich für Sie tun?« Völlig perplex zeigte ich ihr meinen Dienstausweis samt Bundesadler, der sie nicht im Geringsten beeindruckte. Ich klappte mein Notizbuch auf und fand darin die Visitenkarte der Booking-Agentur. Wie war sie da hingekommen? Als ich sie fragend anblickte, erklärte sie: »Wir arbeiten, nun ja, etwas anders. Dezenter. Das Wie spielt keine Rolle.« Ich dachte an die *Stubnitz*. Diese flinke, schwarzgekleidete Frau hätte den ganzen Kahn von Drogen befreit, ohne dass jemand etwas bemerkt hätte. Hier war ich richtig.

Ich buchte zwei weibliche Ninjas, die wir in den kommenden Monaten mit zu den Einsätzen nahmen. Sie erledigten still ihre Aufgaben, blieben unsichtbar, und wir ernteten die Lorbeeren. Zu tun hatte ich immer nur mit der Frau aus der Agentur. Ich wusste nicht, ob sie selbst auch kämpfte oder nur die Ninjas vermittelte, aber in meiner Fantasie flitzte sie schwarzgekleidet und geräuschlos über die Dächer Hamburgs, löste schwierige Fälle und war dann wieder verschwunden. Einmal versuchte ich, etwas aus ihr herauszubekommen: »Letztes Jahr hat man an einer Schule einen toten Dealer mit einem Wurfstern in der Stirn gefunden, er lehnte an der Mauer und hatte die Augen noch geöffnet. Haben Sie damit zu tun?« Ihr Blick war regungslos auf mich gerichtet. »Man sollte keine Drogen an Kinder verkaufen, finden Sie nicht? Mehr kann ich dazu nicht sagen. Was unsere Kämpferinnen privat machen, darüber weiß ich nichts.«

Langsam weckte sie meine Neugier. Ein Körper, der so biegsam, so leise und so schnell sein konnte — wie so eine Frau wohl im Bett war? Im Fernsehen hatte ich gesehen, dass der Schlagzeuger von *Metallica* einen Flirtratgeber geschrieben hatte, also ging ich zum Discounter und besorgte mir das Buch. Vielleicht konnte ich sie mit Lars Ulrichs Hilfe erobern. Einer seiner Ratschläge war, den Frauen lange und tief in den Ausschnitt zu schauen, sie würden es als Kompliment nehmen, und schon wäre man dran. Allerdings trug sie immer hochgeschlossene Kleidung, was mich völlig überforderte. Mein Chef riet mir, ihr Geld anzubieten. Aber davon hatte ich zu wenig, und irgendwas an der Idee fand ich eigenartig. Woher sollte ich wissen, wie viel Geld angemessen war?

Also blieb es dabei: Wir hatten uns zwar getroffen, aber kennengelernt hatten wir uns nicht. Ich liebte Pommes und konnte mir nicht vorstellen, diese japanischen Suppen oder dieses Sushi mit rohem Fisch essen zu müssen. Ich fand diese Frau irgendwie anziehend, aber dass ihr Ausschnitt nie den Blick zu ihren Brüsten freigab, das störte mich. Ich hätte sowieso lieber eine Frau, die ich bemerkte, wenn sie den

Raum betrat. In einem klaren Moment ging mir auf, dass mir, wenn wir mal streiten würden, schnelle mal ein Wurfstern in der Stirn stecken könnte. Wollte ich durch die Hand einer Ninja sterben? Nur weil sie keine Pommes mochte?

Ein letztes Mal sahen wir uns noch. Ich hatte sie zu einer Besprechung in unsere Zentrale gebeten, nach den Mittagspommes. Als ich in mein Büro kam, saß sie schon am Schreibtisch. Das Büro war verschlossen gewesen, sie musste durch das Fenster gekommen sein. Bevor ich ihr mein Anliegen schildern konnte, sagte sie, sie müsse sich trotz unserer Erfolge aus der Zusammenarbeit zurückziehen, weil sie sich verliebt hatte und nach Düsseldorf gehen würde, wo ihr neuer Lover eine Villa bewohnte. Es handelte sich um einen Schriftsteller, der Unterhaltungsromane schrieb. Eines seiner Bücher kannte ich sogar, *One Night in Ninja*, genau genommen hatte ich die Verfilmung gesehen. Es war ein Pornofilm, aber mit Handlung, und ich traute mich nicht, sie darauf anzusprechen, weil ich die komplizierte Geschichte nicht verstanden hatte. Jedenfalls war dieser Schriftsteller berühmt, jeder Mann kannte seinen Namen.

Ich wünschte ihr viel Glück, ging aufgeregt nach Hause und suchte nach der DVD: Konnte es sein, dass sie irgendwo im Film zu sehen war, nackt? Der Film spielte in Vietnam in einer WG, in der sieben Frauen lebten, die sich lustvoll mit Männern beschäftigten. In der Küche war etwas kaputt, und es kamen vier Handwerker vorbei, aber es war viel zu heiß, und so zogen sich bald alle aus. Ich schaute mir den ganzen Film noch einmal an, aber nein, die Darstellerinnen waren ganz andere Frauen, die ihr nicht einmal ähnlich sahen. Auf der Hülle stand dann auch, dass der Film in Thailand gedreht worden war.

Ich war zwar ein fescher Kerl, Lars-Ulrich-haft, aber die Ninja-Kämpferin blieb unerreichbar. Da ich mit klassischer Musik überhaupt nichts anfangen konnte, hatte ich keine Ahnung von den *Goldberg-Variationen*, und damit ist auch klar, warum wir uns zwar begegneten, aber nie zusammenkamen. Sie war mit ihrem Schriftsteller glücklich und ich mit *Metallica*. Aber für die Kids in Hamburg hatte sie viel geleistet, nur ein toter Dealer war ein guter Dealer! Irgendwann las ich in einer dieser Zeitungen, in der die Schrift sehr klein ist und die Fotos fehlen, ihren Namen. Sie hatte den Schriftsteller verlassen und war jetzt mit einem anderen zusammen, diesmal einem unbekannten. Er schrieb über langweilige Themen, Bücher ohne Bilder und ohne Sex. Nichts von ihm wurde verfilmt, er hatte nicht mal ein Auto. Wie sonst kann man Erfolglosigkeit beschreiben?

Ich verrichtete weiter meinen Job und lernte bald die rundliche und sehr attraktive Bedienung einer Pommesbude kennen. Sie hatte lange auf der Reeperbahn gearbeitet, jetzt spielt auch sie in Filmen mit, und ich bin stolz, der Mann an ihrer Seite zu sein. Sporadisch darf ich in Nebenrollen auftreten. Wir sind sehr froh zusammen! Ihre Filme sehen wir uns immer gern an, sie erregen uns, und dann essen wir zusammen Pommes. Wir bekommen Kollegenrabatt in der *Kleinen Pause*. Mehr braucht kein Mann zu seinem Glück.

28

Es war lange her, dass ich durch die Wälder meiner Kindheit gewandert war. An einem regnerischen, aber warmen Sommertag lief ich zwischen den Häusern zum schmalen Weg, der in den Schlosswald führte. Er ging steil hinauf, ich erinnerte mich, dass ich ihn als Kind mit dem Rad hinabgesaust war, und musste mir eingestehen, dass ich mich das heute nicht mehr trauen würde. Der Weg machte eine Biegung nach links, und ich erwartete, den See durch die Bäume schimmern zu sehen, doch der kam erst später. Man nannte ihn »Hexenweiher«. Ich ging daran vorbei, gelangte nach einer Weile zum Schloss und nahm von dort aus einen steinigen Pfad tiefer in den Wald hinein, bis ich endlich das kleine Hinweisschild zu den »Dicken Steinen« entdeckte. Es handelte sich um eine inzwischen von Farn zugewachsene Felsformation, etwa in der Größe von zwei Containern. Die Steine lagen dort wie von einem Riesen hingeworfen, nichts sonst in der Umgebung war felsig. Geologen erklärten sich ihre Anwesenheit mit Verschiebungen in der Eiszeit, die Steine waren von weit her über das Land geschoben worden und hatten hier ihre Ruhestätte gefunden.

Ich kletterte auf die erste Erhöhung und spürte, dass ich nicht allein war. Es war still und einsam auf der kleinen

Lichtung, man hörte nur die Vögel, vor allem einen Specht, den ich aber nicht genau lokalisieren konnte. Inzwischen hatte es aufgehört zu regnen, die Sonne fiel durch die Bäume, von den Blättern tropfte noch der Regen, und der Boden begann zu dampfen. Ich sah hinunter auf den Pfad, der am Fuß der Steine entlanglief und zu einer historischen Mühle führte. Neben der Felsformation stand eine kleine Bank, auf der hast du gesessen, deine rote Bluse leuchtete komplementär zum feuchten Grün des Waldes. Deine langen schwarzen Haare trugst du offen, der Pony rahmte dein Gesicht auf markante Weise ein.

Was machte eine Frau allein an diesem Ort? Meine ganze Kindheit hatte ich hier verbracht, aber obwohl das Naturdenkmal in Wanderführern erwähnt wurde, fand niemand außer mir hierher. Nicht einmal Verliebte kamen sommernachts auf die Idee, die einsame Lichtung für ihre Zwecke zu nutzen. Wer nachts den Schlosswald betrat, der vergaß schnell jede Romantik — die vollkommene Dunkelheit und die vielen sonderbaren Geräusche nachtaktiver Tiere konnten durchaus furchteinflößend sein. Wer weiß, welche Wesen hier seit Jahrhunderten hausten? Ich stand auf dem Felsen und wusste nicht, was ich tun sollte. Einer Frau musste die Anwesenheit eines Mannes an so einem Ort Unbehagen bereiten, aber ich wollte dir keine Angst machen. Ich grüßte diskret, um gar nicht erst den Eindruck entstehen zu lassen, ich würde dich heimlich beobachten. Du winktest zurück und schienst gar nicht überrascht, hier jemanden zu treffen. Oder vielmehr: *mich* hier zu treffen.

Ich kletterte vom Felsen herunter, und du saßest weiterhin ruhig auf der Bank. Es wirkte beinahe, als hättest du auf mich gewartet. Ich deutete auf den Platz neben dir, du schautest mich offen an und sagtest etwas, aber zu leise, ich glaubte, »endlich« gehört zu haben. War das möglich? Ich setzte mich neben dich und spürte die Nässe der Bank, du hattest ein kleines Sitzkissen dabei, das deine feine helle Hose, mit der man eigentlich nicht durch den Wald wanderte, schützte. »Hier treffen sich bestimmt nachts die Geister.« Ich blickte über die Felsformation. »Du hast zu viele Gruselfilme gesehen. Geister haben kein Interesse an Orten, von denen Menschen glauben, sie hausten dort.« Ich hatte eigentlich nur irgendetwas sagen wollen, aber du schienst das wirklich ernst zu nehmen und konntest mit Gerede dieser Art nichts anfangen. Ich wechselte das Thema. »Gehen wir hoch zum Schloss?«

Wir liefen den Pfad zurück, den ich gekommen war, meine Schuhe waren völlig durchnässt und quietschten beim Gehen. Ansonsten war es vollkommen still, auch wir redeten nicht. Als wir an einer Schneise vorbeikamen, die ein Sturm in den Wald geschlagen haben musste, und auf den Fluss und das Dorf im Tal hinabsahen, fragte ich dich: »Woher kommst du?« Was ich eigentlich wissen wollte, war, wie du in diesen Wald gekommen warst und was du hier gesucht hattest, ob du vielleicht sogar auf mich gewartet hattest, aber das zu fragen erschien mir albern. »Aus Hamburg«, hast du geantwortet, sonst nichts, als wäre damit alles klar. Ich wusste nichts zu erwidern, aber so hatte es begonnen.

Wir gelangten zum Schloss. Ich kannte die Frau am Eingang, sie war dieselbe wie in meiner Kindheit, nur unendlich viel älter, so kam es mir vor. Sie winkte uns durch, ohne Eintritt von uns zu verlangen, und schaute uns entzückt an, so wie alte Frauen es manchmal bei jungen Verliebten taten. Dich störte das nicht, und ich hätte mich nicht gewundert, wenn du meine Hand genommen hättest, so selbstverständlich fühlte sich unser Zusammensein plötzlich an. Du bist vorangegangen, der Weg führte durch die Burgküche zu einem schmalen Gang, und als du die nächste Biegung erreichtest, blieb ich stehen und wartete gespannt auf das, was passieren würde. Wie von mir vorhergesehen hast du erst geschrien und dann gelacht. Am Ende des Ganges hatte man für die Kinder ein Gespenst drapiert, das einen anstarrte, sobald das Licht durch den Bewegungsmelder anging. Ich folgte dir lachend, und du hast mir mit gespielter Empörung auf den Arm gehauen: »Das wusstest du!«

Zusammen stiegen wir die Treppe zum Turm hinauf. Ich hasste die enge Wendeltreppe, meine Höhenangst ließ mich immer wieder innehalten, aber du bist unbeirrt weitergegangen. Ich versuchte mich ganz auf dich zu konzentrieren, auf deine sanften Bewegungen, deine beruhigende Stimme. Deine Gegenwart machte es mir leichter. »Ich glaube an Geister«, hast du erklärt, »aber sie sind anders als die Kindergespenster.« Und dann hast du von deiner Urgroßmutter erzählt, die aus der Hand lesen konnte und an Fügungen und Wunder geglaubt hatte. Du hattest ihr Tagebuch geerbt und daraus viel über den vietnamesischen Geisterglauben gelernt, für dich war es nie ein Aberglaube gewesen, sondern Realität. »Wie kann man *nicht* an Geister glauben?« Und ich musste dir in gewisser Weise zustimmen: War irgendetwas an dieser Welt vernünftig oder rational? Schließlich glaubte selbst Miles Davis an Geister, es musste also etwas dran sein.

Oben angekommen atmete ich durch. Wir schauten über den Wald bis zum Tal, der Wind kühlte uns. Dein Blick verlor sich irgendwo am Horizont, vielleicht richtete er sich aber auch nach innen. Hast du überlegt, ob ich der war, den du treffen solltest, zu dem ein Geist dich geführt hatte? Ein Nicken beendete diesen Moment der Einkehr, du wolltest nun wieder hinunter. Ich ging vor, hinab erschien mir die Treppe noch schmaler, ich umklammerte das gusseiserne Geländer und nahm Stufe für Stufe. Du gingst immer zwei Schritte hinter mir, ohne mich zur Eile zu drängen, und dann, auf etwa der Hälfte des Weges, kamst du zu mir herab, ich drückte mich gegen die Wand, oder vielmehr drücktest du mich gegen die Wand und warst mir auf einmal ganz nahe. Ich schloss die Augen, mein Atem stockte, und dann spürte ich deine Lippen auf meinen, deine Hand in meinem Nacken. Ich öffnete den Mund, und meine Angst entwich. Wir küssten uns. So hatte es begonnen.

Ich wusste zu diesem Zeitpunkt noch nicht deinen Namen, aber den Geisterglauben, den hast du mich schnell gelehrt: Dich konnte nur eine übersinnliche Macht an diesen Ort geschickt haben. Seit damals kommen wir jedes Jahr hierher zurück, immer Ende Juni, immer gehen wir denselben Weg und erinnern uns, immer schaust du nachdenklich vom

Turm. »Weißt du noch?« Ja, ich wusste. Die Geister hatten uns zueinandergeführt und waren endlich zur Ruhe gekommen. So hatte es mit uns begonnen.

29

Swingerclubs sind nicht so, wie schillernde französische Filme es suggerieren. Aber sie sind auch nicht immer das schäbige Gegenteil, wie ich inzwischen weiß.

Ich hatte als Doktorand notorischen Geldmangel und war auf Jobsuche. Im Rahmen meiner Untersuchung *Über postmoderne Formen körperlicher Liebe* interviewte ich die Autorin der *Swinger-Bibel*. Eine offene, reflektierte und vor allem kultivierte Frau, die mich schließlich fragte, ob ich in ihrem favorisierten Club arbeiten wolle. Ich war konsterniert. Sexarbeit kam für mich nicht infrage, dazu war ich zu scheu und zu nervös, trotz meiner manchmal überschäumenden Fantasien. »Swingerclubs haben mit Prostitution nichts zu tun«, erklärte sie mir, als Mitarbeiter sei es mir sogar untersagt, sexuellen Kontakt mit den Gästen zu haben. Es ging um einen Job an der Rezeption, und zu meinen Aufgaben würde es gehören, die Paare zu empfangen, ihnen ein Glas Prosecco anzubieten und unerwünschte Gäste — Betrunkene, Drogenfreaks, vulgäre Gesellen aus dem Rotlichtmilieu — freundlich, aber bestimmt abzuweisen.

Der Club war dann auch ganz anders, als ich ihn mir vorgestellt hatte. Die meisten Paare machten einen sympathischen Eindruck, waren attraktiv und kleideten sich aufregend. Nichts war hier obszön. Das passte zu dem gediegenen Münchener Vorort, in dem der Club lag. Nur auf Einladung erfuhr man von den Abenden, und so kamen hier sorgfältig ausgewählte Menschen zusammen, unterhielten sich, genossen geistige Getränke und lebten — nicht nur zu zweit — ihre Lust aus. Es war kein Fetischclub, aber Latex war unter den Frauen sehr beliebt, Handschellen klickten ein, ab und zu zischten Gerten durch die Luft, trafen wohlgeformte Hinterteile und hinterließen rote Striemen.

Ich hatte zwar einen Blick auf das Geschehen, war selbst aber nicht Teil davon, obwohl Männer wie Frauen mit mir flirteten und ich manchmal durchaus Angebote bekam. Aber der Rezeptionist war tabu. Ab und zu schlug ich zwar, auf dem Weg zur Theke, um leere Gläser wegzubringen, einem Gast kräftig auf den *****, aber ich hätte mich nie getraut, einer Frau ihr eng anliegendes Latexkleid hochzuschrieben, um sie von hinten zu nehmen, während hinter der Theke, an der sie sich festhielt, ein komplizierter Cocktail für sie gemixt wurde. Stattdessen sah ich nur zu. Der Job brachte das Privileg mit sich, dass ich meine Sehnsüchte nicht mehr über einen Bildschirm befriedigen musste.

Es war schon nach zwei Uhr nachts, als eine Frau durch die dunkle, schwere Tür trat, vor der Rezeption stehen blieb und nach Lotta fragte. Sie fiel auf, weil Damen selten allein kamen. Im Dunkel sah ich ihren roten Lippenstift leuchten, auch ihre ohnehin großen Augen waren stark betont. Statt wie die anderen Gäste tiefe Einblicke auf Brust, Po, Rücken und Beine zu gewähren, um Begierden zu wecken, trug sie ein hochgeschlossenes schwarzes Samtkleid, aber die Aufmerksamkeit, die sie auf sich zog, ließ erkennen, dass das umso mehr die Fantasie der Frauen und Männer anregte. Sie hatte etwas Geheimnisvolles, beinahe schon Unnahbares, und das machte die Leute wahnsinnig — mich eingeschlossen. Ich fegte den Gedanke beiseite, bot ihr ein Glas Prosecco an, das sie ablehnte, und holte schließlich Lotta. »Linh, schön, dass du gekommen bist.« Sie nahm sie am Arm und verschwand mit ihr hinter einem roten Vorhang, der in einen anderen Raum führte.

Nach einer Stunde kehrten die beiden zurück, Lotta war anzusehen, dass sie in der Zwischenzeit Sex gehabt hatte, Linh wirkte dagegen gänzlich unberührt, ihr Kleid saß noch immer tadellos. Sie kam zu mir an die Rezeption und lächelte mich an. »Warum arbeitest du hier? Macht es dich an?«, fragte sie geradeheraus. Ich gab zu, dass ich manchmal tatsächlich voller Sehnsucht nach Hause ging und mir den Sex wünschte, den ich hier beobachtet hatte. »Und was hast du an diesem Ort verloren?« Sie erzählte mir, dass sie Lotta seit dem Literaturstudium kannte. Linh arbeitete an einem Roman, in dem sich ein Paar in einem Swingerclub kennenlernt. Sie war hier, um zu recherchieren und die Atmosphäre zu spüren. »Geschichten ohne eigene Erfahrung wirken blutleer. Wer über einen Swingerclub schreibt, der muss mit eigenen Augen gesehen haben, was dort geschieht.« »Mit den Augen? So ein Club lässt sich besser mit dem Körper erkunden«, neckte ich sie.

Ich ging zur Bar, holte zwei Averna mit Eis und Zitrone und stieß mit Linh an. Zufällig hatte ich ihr Lieblingsgetränk gewählt. Wir begannen zu flirten, wir hatten beide die einzigen Menschen in diesem Club ausgemacht, die keine polygamen Neigungen hatten. »Lotta sagte, du könntest mir den Keller zeigen.« Zu meinen Aufgaben gehörte es tatsächlich, Neulingen die verschiedenen Räume zu zeigen und, falls nötig, die Gerätschaften zu erklären. Wir tranken aus, und ich führte Linh die enge Wendeltreppe hinab und von dort aus in einen schummrigen, nur von sanftem Grün beleuchteten Raum. Ich schloss die schwere Tür hinter mir und schob den Riegel vor. In Leder gefasste Balken durchkreuzten den Raum, an den Wänden waren verschiedene Schlaufen befestigt, und von der Decke hingen Schaukeln. Linh sah sich alles sorgfältig an, fragte aber nicht nach.

Erst eine kleine Bank, die in einer dunklen Nische stand, weckte ihr Interesse. Verlegen versuchte ich zu erklären, wie man sie nutzte: »Also man kann da ... Wie soll ich sagen? Hier fixiert man die Hände, dort legst du deinen Kopf hinein, und dann ... « »Du meinst, man wird dann von hinten genommen?« Ich nickte, und sie kniete sich auf die Bank. »Die Hände hier in diese Manschetten? Kannst du die einmal zuziehen?« Ich zog die Schlaufen fest zu, ihr Atem wurde schneller, ich ging einen Schritt zurück. »Und die Füße hier drunter?« Ich zog auch die Riemen um ihre Knöchel zu, nun war sie fixiert und streckte mir ihren Po entgegen. Mich erregte der Anblick, ich wollte sie sofort wieder lösen, aber sie schüttelte den Kopf und bat mich stattdessen, ihr die

Peitschen und Gerten vorzuführen, die rechts von der Bank an der Wand hingen. Ich wählte ein dünnes Bambusrohr, holte aus und schlug ihr auf den *****. Ihr Schrei klang erlöst. »Schieb das Kleid hoch!« Ich hatte Angst, sie zu berühren, fasste den Stoff ganz vorsichtig an, schob ihn über ihren Po und sah, dass sie nichts drunter hatte.

Und so hatte es begonnen. Wir verloren die Kontrolle, der Averna hatte uns Mut gemacht. Ich nahm sie von hinten, gleich zwei Mal, noch bevor ich sie das erste Mal geküsst hatte. Am Ende taumelten wir erschöpft die Wendeltreppe hoch. Lotta sah unsere verschwitzten Haare und die roten Striemen um Linhs Knöchel und Handgelenke. Noch in derselben Nacht gab sie mir die Kündigung. Sie war nicht verärgert, Linh war eine gute Freundin von ihr, und sie freute sich für uns, aber dennoch durfte keiner den Rezeptionsjob missbrauchen. Wir sahen den Club nie wieder, wir waren nun ein Paar. So hatte es mit uns begonnen, genau so.

30

Über meinen Arbeitgeber denke ich heute anders als früher. Ich hatte mein Leben lang die Konservativen gewählt und die Linken, wie mein Sohn einer ist, für naive Idealisten gehalten. Ich hatte vor allem die respektiert, die selbst die Ärmel hochkrempelten. Daher war mir mein Chef näher als die anderen Lehrlinge gewesen. Er hatte etwas geleistet, aufgebaut. Ich selbst war mit dreizehn in die Lehre gekommen, nach einigen Jahren Volksschule. Mein Vater hatte mir die Ausbildung zum Schlosser besorgt. Ich hatte mich hochgearbeitet, bis ich schließlich Prokurist war.

Zwei Jahre, bevor ich in Rente gehen wollte, veränderte sich im Vorstand einiges. Man wollte mich auf einmal loswerden. Der Personalchef deutete an, es wäre ihnen recht, wenn ich mich einfach krankmelden und die restlichen zwei Jahre auf Kosten der Steuerzahler leben würde, sie luden die Verantwortung für ihre Ideenlosigkeit auf die Gesellschaft ab. Erst jetzt erkannte ich, dass ich lange der Idealist gewesen war. Meine Vorbilder folgten ganz offensichtlich nicht ihren eigenen Werten von Leistung und Verantwortung.

Und dann geriet mein Weltbild ein zweites Mal ins Wanken. Meine Frau verließ mich. In meiner Vorstellung war dies ein Ding der Unmöglichkeit gewesen. Die jungen Leute, ja, die trennten sich wegen der kleinsten Meinungsverschiedenheiten, aber in meiner Generation gab es das nicht. Männer gingen, das passierte ab und zu, aber die Frauen? Nein, sie mussten zu ihren Männern stehen, auch zu den schwierigen. Sie hatten schließlich geheiratet, und die Ehe war ein Bund fürs Leben. Doch ich hatte mich geirrt, ich hatte meine Frau unterschätzt. Nach vielen Jahren, in denen wir nebeneinanderhergelebt und uns zunehmend voneinander entfremdet hatten, trennte sich meine Frau von mir. Es dauerte lange, bis sich mir erschloss, was ihr fehlte. Ihr fehlte alles: die Liebe, das Vertrauen, das Miteinander.

Die ersten Wochen und Monate geisterte ich verloren durch die große Wohnung, mittags aß ich allein im letzten bürgerlichen Gasthaus, das es auf St. Pauli noch gab. Der Herbst ging vorüber, und es wurde Winter. Es war eine schmerzliche Zeit, aber sie half mir zu begreifen, dass ich umdenken und mich verändern musste. Und sie half mir, mich meinem Sohn wieder anzunähern, ihn zu verstehen. Einmal im Monat kam er zum Schachspielen und Whiskytrinken vorbei. Unser Verhältnis zueinander verbesserte sich allmählich, aus Streits wurden Gespräche.

Den einzigen Menschen, den ich in dieser Zeit neben meinem Sohn regelmäßig sah, war eine ältere Dame, die auf einem Klappstuhl im asiatischen Supermarkt um die Ecke saß. Der Markt hatte immer geöffnet, auch sonntags. Ich kaufte mir dort täglich eine chinesische Instant-Nudelsuppe, die ich abends zubereitete. Ich sah diesen Leuten zu, wie sie sehr viel mehr leisteten als die meisten Deutschen und dennoch immer gut gelaunt schienen. Hier schimpfte keiner auf das Wetter oder die viele Arbeit. Der Sohn der alten Dame führte den Markt, seine blonde deutsche Frau, die auch Vietnamesisch sprach, arbeitete ebenfalls im Laden. Einmal half ich ihr beim Zerreißen der Kartons nach einer Lieferung; ich hatte schließlich Zeit und war froh, eine Aufgabe zu haben. Der Geruch im Markt erinnerte mich an meine Geschäftsreisen nach Vietnam, dort war ich über viele Jahre für einen großen Kunden zuständig gewesen.

Die alte Dame — Linh — residierte auf ihrem kleinen Klappstuhl und sprach mit den Stammkunden. Sie hatte das Geschäft mit ihrem Mann zusammen aufgebaut. Es war der erste Asia-Markt auf St. Pauli gewesen, und nicht nur Asiaten, auch viele Afrikaner kauften dort Gewürze, Tee, Reis und Fischsauce. Linh erzählte mir, dass ihr Mann schon früh gestorben sei und seitdem immer alles an ihr gehangen habe. Der Markt, die Geldsorgen, das Großziehen der Kinder. Wir sprachen über die Erfahrungen der frühen Jahre, in denen man sein Leben aufbaut, eine Familie gründet, über die Krisen, die man bewältigen muss, und schließlich auch über das Alleinsein. Wir hatten ganz verschiedene Leben gehabt, aber die Erinnerungen weckten ähnliche Gefühle. Die Menschen sind sich ähnlicher, als man glaubt, und wir waren froh, unsere Gefühle mit jemandem teilen zu können. Ich konnte mit dieser Frau wie mit einem alten Freund reden. Nur vertrauter fühlte es sich an, wärmer. Sie steckte voller Weisheit, ihre Worte taten mir gut.

Mein Sohn zog mich auf. Ob ich mit der alten Asiatin, die jeder im Viertel kannte, auf meine alten Tage zu flirten beginne. Ich lachte darüber und winkte ab. »Du holst dir jeden Tag eine Packung Nudelsuppe, nur damit du mit ihr reden kannst!« Er klärte mich über die Wirkung von Glutamat auf die Geschmacksnerven auf, riet mir, im Bioladen einzukaufen, und bedauerte, dass die alte Asiatin nur einen Sohn und keine schöne Tochter hatte. »Erstens hat sie sehr wohl eine Tochter, zweitens bist du schon verheiratet.« Er flachste: »Das heißt aber nichts, schau dich an!« Es war schön, inzwischen wieder darüber lachen zu können. Wir stießen an.

Dann sah ich Linh einige Tage nicht, sie saß nicht auf ihrem Stammplatz im Laden. Die Gespräche begannen mir zu fehlen. Ich fragte nach ihr. Ihr Sohn erzählte, sie sei im Krankenhaus. Ich solle mir keine Sorgen machen, sie sei nur im Schnee ausgerutscht und habe einen Bänderriss. Da das Bein aber in ihrer Jugend einmal kompliziert gebrochen gewesen war, musste sie zur stationären Behandlung im Krankenhaus bleiben. »Das sind alte Geschichten, von ihrer Flucht auf einem der Boote. Fragen Sie sie das am besten selbst.« Mir wurde bewusst, dass ich über ihr Leben, bevor sie nach Deutschland gekommen war, kaum etwas wusste. Wie gern hätte ich jetzt mit ihr gesprochen.

Ich kaufte Blumen und fuhr zur Klinik. In der Eingangshalle wurde ich nervös. Wann hatte ich mich zum letzten Mal mit einem Blumenstrauß auf den Weg zu einer Frau gemacht? Das musste ein halbes Jahrhundert zurückliegen.

Meiner Frau hatte ich die ersten Jahre noch Geschenke gemacht, aber dann verlor sich die Ehe in einem resignierten »Wir schenken uns nichts mehr«. Der Blumenstrauß in meiner Hand fühlte sich fremd und gut an. Ich entschied mich gegen den Aufzug und nahm die Treppe hoch zur zweiten Etage, wo sich ihr Zimmer befand.

Als ich die Tür öffnete, lächelte sie mich an. Trotz der Falten, die das Alter in ihr Gesicht gezeichnet hatte, strahlte sie etwas Jugendliches aus, ich ahnte, wie schön sie als Mädchen gewesen sein musste, sie war es immer noch. Ich gestand ihr, dass ich sie vermisste und die Gespräche mit ihr, wenn ich Nudelsuppe kaufte. »Wenn Sie sich Ihr restliches Leben nur noch von Nudelsuppe ernähren, dann werden Sie aber nicht alt.« Ich schaute sie irritiert an. »Ich bin doch schon alt!« »Ich nicht!«, entgegnete sie, und dann lachten wir. »Soll ich für uns einmal eine echte vietnamesische Suppe kochen?« Wir einigten uns darauf, dass ich sie abholen würde, sobald man sie entließ. »Damit Sie mir nicht ausrutschen.«

Eine Woche später hielt ich ihren Arm, und wir gingen gemeinsam die Treppe hinauf zu ihrer Wohnung. Sie kochte für uns, während ich auf einem Stuhl in der Ecke der Küche saß. »Feiern Sie Weihnachten?«, fragte ich. »Ja, meine Familie ist christlich. In diesem Jahr werde ich allerdings allein sein, mein Sohn und seine Frau besuchen ihre Eltern in Süddeutschland.« Auch ich würde allein sein, mein Sohn machte es ähnlich. Ein Jahr verbrachten sie Weihnachten bei mir, das folgende bei den Eltern meiner Schwiegertochter. »Darf ich Sie zum Essen einladen? An Heiligabend?« »Sie können doch gar nicht kochen! Ich werde an Weihnachten ganz bestimmt keine Fertigsuppe essen.«

Mit einem Geschenk in der Jackentasche — einer Halskette mit einem Jadestein — stieg ich die Treppe zu ihr hoch, ich hatte mich lange nicht so auf das Weihnachtsfest gefreut. Wir hatten uns ineinander verliebt, das gestanden wir uns noch in dieser stillen Nacht. Es war aufregend, sie zu küssen. Ich hatte viele Jahrzehnte lang keine andere Frau mehr geküsst als meine, es erregte mich. Am nächsten Morgen, am ersten Weihnachtsfeiertag, rief mein Sohn an — ein Videoanruf. Noch bevor ich ihm ein frohes Fest wünschen konnte, fragte er verwundert, wo ich sei. Das war nicht mein Schlafzimmer, das er da sah. Ich drehte mein Telefon so, dass er Linh sehen konnte. Er gab einen Laut der Überraschung von sich, lachte, dann gratulierte er uns aufrichtig. So hatte es mit uns begonnen. Spät, aber nicht zu spät.

31

Immer fragt man, vor allem die Glücklichen: Wie habt ihr euch kennengelernt? Vielleicht kommen Zeiten, in denen die Frage nach dem Anfang ersetzt wird durch die Frage nach der Gegenwart. Erinnert euch an das Jetzt, nicht nur ans Vergangene!

Nach dem Anfang darf man fragen, das erzählt man auch gern, die Augen glitzern, und man entwickelt Sehnsucht. Nach dem Ende vielleicht auch noch. Aber das ist schon schmerzlicher. Wenn ich mir vorstelle, danach zu fragen, wie es um die Gegenwart steht, ungefährlich wäre das nicht. Wie Tschechow es schrieb: »Eine Krise kann jeder Idiot haben, was uns zu schaffen macht, ist der Alltag.« Der Anfang ist oft gut, aber was kommt danach? Sich auf den Anfang zurückzubesinnen ist keine Feigheit, es soll die Liebenden daran erinnern, woher sie kommen. Und wo kommen wir her?

Als ich am zweiten Buch arbeitete, konnte ich nicht ahnen, dass meine zukünftige Frau es lesen und mir schreiben würde (ich danke Zuckerberg bis heute dafür!) und dass ich nicht nur eine, sondern mehrere Zeilen antworten würde. Du weißt die Anzahl der Zeilen noch. In deiner Nachricht stand, dass du sonst nie Fremde anschreibst. Aber mich hast du angeschrieben. Hat dich der Angestellte eines Teeladens dazu ermutigt? Oder war es wie im *Himmel über Berlin*, hat ein Engel unsere Gedanken gelesen und uns geleitet? Wir überlegen uns alle paar Jahre eine andere Deutung, eine, die zur Gegenwart passt.

Wir haben uns irgendwann getroffen. Wir haben uns nicht nur »gedated«, wir sind uns *begegnet*. Nur leicht war es nicht. Es war nicht so einfach, wie eine lineare Geschichte glauben lässt. Im Tagebuch des jeweils anderen wurden wir schnell ein fester Bestandteil, aber es hat gedauert, bis wir uns eine Zuneigung eingestanden haben, es hat gedauert, bis wir zugegeben haben: Ja, ich habe mich verliebt. Weil die eigene Lebenssituation solch einen Gedanken verbot. Wir nahmen wahr, was der andere postete, verteilten Likes oder Kommentare, selten schrieben wir uns Nachrichten. Dachten wir jedenfalls. Neulich haben wir mal nachgesehen und festgestellt, wie viel wir geschrieben hatten! Bis hin zu richtigen, langen Briefen, nicht umsonst das Leitmedium der Romantik. Es war damals schon Untreue, nur haben wir das nicht kapiert, weil unsere Körper nicht zusammenfanden.

Kennengelernt haben wir uns erst, als wir schon zusammen waren. Wir sind, auch wenn wir immer pünktlich sind und Unordnung nicht lange ertragen, keine Spießer. Es war wild, nur eben nicht am Anfang. Wir begannen eher zivilisiert und schlugen später über die Stränge. Nun bleibt es wild. Bei uns begann es nicht mit viel Sex und Leidenschaft, die dann zwangsläufig abebbte. Wir waren nicht anfangs blind und später klar. Bei uns begann es taghell. Das erste

Mal, dass wir miteinander schliefen, war nicht vom Alkohol ermutigt, sondern mittags an einem Sommertag auf dem Boden deines Wohnzimmers und mit offenen Augen — bewusst, gewollt, also vorsätzlich. Dass so etwas bleibt, erklärt sich von selbst. Aber wie so etwas entsteht, nicht. Warum ein One-Night-Stand etwas Schönes sein soll, haben wir nie verstanden, der Nachtrausch erscheint am nächsten Morgen oft als Irrtum. Aber eine Beziehung, die beginnt, ein erster Kuss, der wie ein Zurückkehren und Wiederfinden schmeckt — wem die Gnade zuteilwird, so etwas zu erleben, der sieht die Welt mit glitzernden Augen, er regt sich weniger auf. Echte Liebe beruhigt.

Anderen erzählen, wie wir uns kennengelernt haben, scheint unmöglich. Ein Buch müsste man darüber schreiben. Sich kennenlernen bedeutet, nicht nur sich zu sehen. Menschen sind verbunden, metaphysisch, sie sind verwoben über die Zeiten und Generationen und Geschlechter hinweg. Wir kannten uns alle schon einmal, wachsen aus einer Wurzel und beziehen die Energie aus einer Quelle. Vielleicht ist es also angemessener zu fragen: *Wann seid ihr euch wiederbegegnet?* Auch die Vietnamesen — Angehörige einer buddhistischen Kultur — glauben an das Rad der Wiedergeburt, und warum sollen wir uns nicht im letzten Leben, im vorletzten oder davor schon begegnet sein? Solange man das Leiden nicht loslässt, muss man wieder auf dieser Welt erscheinen.

Das Geburtsdatum ist das einzig relevante, man sollte sich das seines Mannes, seiner Frau aufs Schlüsselbein tätowieren lassen, über das Herz. Dies wäre ein noch besseres Symbol als der Ehering. War es im Sommer oder im Herbst, dass man diese Welt betrat? Spätsommer oder Altweibersommer oder Frühherbst? Die Erlösung von einer großen Hitze, die beginnende Regenzeit oder Kastanien, wird man noch draußen sitzen können, sind die Schwalben noch da, oder riecht es schon nach Winter? Wann seid ihr euch wiederbegegnet, was habt ihr im letzten Leben getan und im vorletzten?

Ich schlendere an der Ecke vor der *Kleinen Pause* vorbei, überall Menschen, die *Toast Bar*, die Wohlwillstraße, die Lichterkette und der Weinladen und der Kiosk und der Mann mit der großen Dogge davor, der stand da heute Morgen schon. In diesem Haus haben die *Beatles* gewohnt, ein Foto zeigt John Lennon in einem Hauseingang in der Wohlwillstraße stehen. Neulich saßen wir auf der Stufe vor dieser Tür. Du nahmst meine Hand, und ich war stolz, dass ich mit dir gemeinsam hier entlangschippere, über den Fluss bis ans andere Ufer, Sehnsucht bis zur Elbe hin. Ich schaue zum dritten Mal, ob der Regler des Telefons auch auf »Ton an« steht, weil ich eine solche Sehnsucht nach deiner Stimme habe. Ich rede zu viel und manchmal schreibe ich sogar zu viel. Diese Grübelei, liebst du mich dafür oder trotzdem?

Wir haben uns kennengelernt, das ist wichtig, nicht das *Wie*. So hat es begonnen: ohne Anfang, ohne Nullpunkt, sondern vorher. Wir wissen selbst nicht, wie es begonnen hat, nur Buddha konnte sich an seine 99 Vorleben erinnern, aber erst nach seinem Erwachen. Wir sind noch nicht erwacht, wir schlafen viel zu gern. Außer wenn wir miteinander schlafen, dann sind wir wach. Wir sind zurückhaltend, wenn wir gefragt werden, wie es begonnen hat, die Frage erzeugt nur Unglück. Ich antworte dann: »Heute Morgen lag sie neben mir. Und alles war wieder da. Ich bin sehr glücklich! So hat es begonnen, genau so.«

32

Schon seit einigen Jahren — zugegeben: zu vielen Jahren — schiebe ich das Studium vor mir her. Ich bin, noch immer, Student der Literatur- und Musikgeschichte. Ein Freund, mit dem ich angefangen habe, hat schon längst den BA und den MA abgeschlossen und anschließend auch noch promoviert, inzwischen ist er Pfarrer in Münster. Ich dagegen komme nicht weiter, habe schon seit geraumer Zeit keine einzige Prüfung mehr abgelegt und halte mich stattdessen für einen Schriftsteller, auch wenn ich bisher nichts veröffentlicht habe. Ich schreibe Geschichten, nachts bei Espresso und vielen Zigaretten.

Meine Eltern haben mich zwar aufgegeben, halten mich aber trotzdem für einen guten Menschen. Ich habe keine Schulden. Ich arbeite jeden Tag bis zur Tee-Stunde in einem Antiquariat mit dem Schwerpunkt Musikgeschichte, wo auch ausgewählte Schallplatten verkauft werden, vor allem die der Deutschen Grammophon, von ECM, Blue Note und MPS. Ich bin der einzige Mitarbeiter unter fünfzig und ziemlich allein mit meiner Vorliebe für Popmusik. Aber der Job hat mich über die Jahre geprägt, ich höre inzwischen auch klassische Musik und vor allem: Jazz. Er ist meine Leidenschaft geworden. Ich bewundere die Cover der frühen Blue-Note-LPs. Sie wurden von einem Mann gestaltet, der so desinteressiert an Jazz war, dass er seine Belegexemplare immer gegen Klassikschallplatten eintauschte. Und dennoch hat er die bedeutendsten Cover der Jazzgeschichte entworfen. Was sagt das über Kreativität? Ich schrieb darüber einen kleinen Essay. Über solcherlei Dinge denke ich nach. Es wundert also nicht, dass nichts aus mir wird. Beim Arbeitsamt könnte ich nur sagen: Ich habe immer gern gelesen!

Ich bin wohl allein deshalb schon lange Single, weil nur alte Herren und nerdige Musikstudenten das Antiquariat betreten. Vor ein paar Monaten allerdings kam eine elegante junge Frau herein, ganz ohne Schwellenangst. Ich starrte sie an, so sehr war sie eine Ausnahmeerscheinung in diesem Laden. Ich kam von meiner Leiter herunter, auf die ich geklettert war, um Bücher einzusortieren, ging zu ihr und fragte, ob ich helfen könne. »Ich suche eine Aufnahme der *Goldberg-Variationen*.« Die hatte ich am Vormittag noch gehört, immer lief hier der Plattenspieler. Ich sagte ihr, dass wir viele Aufnahmen der 32 Klavierübungen hatten, welche sie denn suche. Sie kenne sich nicht aus, gab sie zu, obwohl sie selbst Klavier spiele. Zwar noch nicht lange, aber mit umso größerer Leidenschaft. Vielleicht war sie ja eine Schülerin von Kiri, der gern Erwachsene unterrichtete, dachte ich. Er ist einer unserer Stammkunden, kommt oft in seiner Mittagspause in den Laden, durchstöbert das Sortiment und verlässt uns wieder mit einem ganzen Stapel Bücher. Erst vor ein paar Wochen hat er von einer seiner Schülerinnen geschwärmt, die in kürzester Zeit Beethovens *Mondschein-sonate* erlernt hat und sie obendrein mit viel Charakter spielt, keineswegs nur mechanisch vom Blatt.

»Gibt es eine Einspielung von Keith Jarrett?«, erkundigte sich die Klavierspielerin. Ich war überrascht, die Frage hatte ich mir nie gestellt. Ich schaute in den Katalog: Es gab zwar Aufnahmen klassischer Musik von ihm, sogar von Bach, aber er spielte sie nicht auf dem Klavier, sondern auf dessen Vorläufer, und das klang anders. »Kennst du Glenn Gould?«, fragte ich also. Sie verneinte, und ich verschwand motiviert in den Keller, um seine Aufnahme der *Goldberg-Variationen* zu holen. Zurück im Laden, beschrieb ich ihr die Besonderheiten des Kanadiers, wie faszinierend sein kantiges Spiel war, vor allem wenn er Bach interpretierte. Als die ersten Töne erklangen, ließ sie sich in den großen grünen Lesesessel fallen, als wären ihr die Knie weich geworden.

Viel später hast du mir erzählt, es hätte zwar auch an Gould und Bach gelegen, in erster Linie aber an mir und meinem Enthusiasmus. Ich bin froh, dass ich der Einzige der drei bin, der noch lebt. Auch ich wollte dich kennenlernen, wann kam schon mal so eine Frau in unseren unscheinbaren Laden und interessierte sich für Klaviermusik? Ich erzählte dir, dass Anfang des 19. Jahrhunderts ein Biograf von Bach die Anekdote in die Welt gesetzt hatte, Bach habe die Variationen für einen befreundeten Cembalisten namens Goldberg geschrieben, den die Schlaflosigkeit umtrieb. Du hast still dagesessen und meinen Erläuterungen und der Musik zugehört.

Die Variationen brachten mich auf eine Idee: Ich könnte sie zum Vorbild nehmen für ein kleines Buch. Und mir war auf der Stelle klar, wovon es handeln würde: von der Liebe. Von *Rot und Schwarz* über *Madame Bovary* bis zu *Anna Karenina* sind es immer die Liebesgeschichten, die ich am meisten bewundere. Ich ging zum Regal, zog Tolstois *Kreutzersonate* heraus, hielt kurz inne und gab sie dir dann. Tolstoi hatte Beethovens Sonate als Anlass für diese Erzählung genommen, und ignoriert man sein allzu moralisches Nachwort, ist sie ein Meisterstück.

Du hast in dem grünen Sessel gesessen, die Beine, die in roten Hosen steckten, übereinandergeschlagen und dich augenblicklich in die Lektüre vertieft. Ich bereitete in der Zwischenzeit Assam-Tee zu und sah dich an. Dein Anblick war zum Verlieben schön. Es hätte ein von Wim Wenders komponiertes Bild sein können: die Komplementärfarben, das Buch, auf das dein Blick gerichtet war, deine schwarzen Haare, die dir ins Gesicht fielen. Ich goss den Tee in zwei japanische Schalen mit blauem Toxa-Muster und bot dir eine davon an. Du hast gespürt, dass ich dir nicht einfach ein Getränk anbot, sondern dass darin meine Liebe lag: zum Tee, zum Gast und zum Moment. Du hast die Schale vorsichtig genommen, wir sahen uns an, tranken Tee, und so hat es begonnen. Mit Bach und Gould, Beethoven und Tolstoi.

Als du den Laden eine Stunde später verließest, war ich bereits in dich verliebt. Abends lag ich im Bett und dankte Gott zuerst dafür, dass ein Engel dich in den Laden geführt hatte — wie in *Himmel über Berlin* —, und dann erdreistete ich mich, sofort darum zu bitten, dass du wiederkommen solltest. Ich betete drei Vaterunser, allein aus schlechtem Gewissen, weil ich nicht dankte, sondern eine Bitte gen Himmel richtete. Ich konnte nicht schlafen, ich fühlte mich dem schlaflosen Goldberg seelenverwandt, obwohl ich so gut wie nichts über ihn wusste. Für meine Nacht hatte Nick Cave einige Songs geschrieben, ich hörte sie mir an und nahm die LP, *No More Shall We Part*, am nächsten Tag sogar mit in den Laden, wo ich sie erneut hörte.

Kaum eine Viertelstunde nachdem wir geöffnet hatten, warst du wieder da. Ich dankte Gott im Stillen und sah dich lächelnd an. »Habt ihr die *Kreutzersonate*?«, hast du gefragt. »Das Buch, Beethovens Stück oder die Noten dazu?« »Das ist mir egal. Eigentlich wollte ich fragen: Gehst du heute Abend etwas mit mir trinken?« Nun musste ich mich in den Sessel setzen. »Ja, ja, natürlich!«, sagte ich. »Und ich bringe dir das Buch und eine Aufnahme der Sonate mit.« Zufrieden bist du gegangen, ohne dass wir einen Ort oder eine Uhrzeit ausgemacht hatten. Später hast du angerufen, über die Festnetznummer des Ladens. Ich hatte schon lange neben dem Telefon gesessen und darauf gewartet. »Kennst du eine Bar, in der klassische Musik läuft?« Nein, so was kannte ich nicht, aber ich wusste von einer Bar, in der es eine riesige Jazz-Plattensammlung gab.

Wir trafen uns nach Feierabend im *Metronom*. Das erste Pint war noch nicht gebracht worden, da küsste ich dich. Du erwidertest den Kuss und mehr noch: Du übernahmst die Führung. Wir merkten gar nicht, wie der Kellner an unseren

Tisch kam, aber wir hörten, wie Keith Jarrett mit seinem Trio *Autumn Leaves* interpretierte. So hatte es begonnen, und seither ist kein Tag vergangen, an dem die Musik und die Bücher uns nicht begleitet haben.

Immer wenn du die *Goldberg-Variationen* übst, liege ich auf dem Sofa, höre dir zu und denke verliebt an diesen Anfang. Glenn Gould höre ich oft. Nick Cave begleitet unsere schlaflosen Nächte, doch ist unsere Schlaflosigkeit freiwillig, wir wollen andere Dinge tun. Du spielst erst auf dem Klavier, und dann spielen wir auf uns, tanzen, lieben uns, lesen uns aus Romanen vor, die von der Liebe handeln. Aus *Rot und Schwarz*. Rot war deine Hose und schwarz deine Haare.

Ich schrieb schließlich dieses Buch über die Liebe, das ich schon seit dem Tag unseres Kennenlernens hatte schreiben wollen. Ich erzählte dir, wie es begonnen hatte, zweiunddreißig Mal, und veröffentlichte diese Erzählungen bei einem angesehenen Verlag. Die Schriftstellerei wurde endlich zum Beruf. Es sind nur die ersten zweiunddreißig Variationen, aber wer sagt, dass es ein Ende haben muss? Unsere Liebe, sie bleibt eine endlose Variation. Ich werde darüber schreiben.

Nachtrag I

Und was ist nun wahr? Wie habt ihr euch kennengelernt?

Am Anfang hatte ich diese Idee und sonst nichts. Aber dann hatte ich Jenna Gesse und Caterina Kirsten. Pater Jonas aus dem Benediktiner-Kloster in Meschede gab mir wertvolle Hinweise zur Schönheit und zur Liebe. Ada, Alisa und Philipp haben mich motiviert. Und so ist aus der Idee ein Manuskript geworden. Die Geschichten habe ich zwar ursprünglich nicht für den Markt, sondern für dich geschrieben — ich brauchte ein Geburtstagsgeschenk. Aber ich bin Autor (sonst hätten wir uns nie ...), freue mich grundsätzlich über viele Leser, und je mehr Menschen Bücher über die Liebe lesen, desto besser.

Die Figuren sind zwar inspiriert von realen Personen, aber nicht mit ihnen zu verwechseln. Die Variationen setzen sich zusammen aus Fakten und Fiktionen, und alles zusammen ergibt die Wahrheit: *unsere* Wahrheit, *unsere* erfindungsreiche Geschichte. Mein Dank richtet sich an die, die mir als Inspiration dienten: Ada und Nick, Nora, Caterina und Nina, Patrick, Thi und Kiri. Und an die, die mich immer ermutigen, egal woran ich arbeite: Ole Löding und Becks, Dominique Pleimling und Anabelle, Micha und Dorle Schmidt, Jörg Bernardy, Alisa, Thomas, Maria-Christina (ocelot Bookstore), Melanie Raabe, Isabel Bogdan, Celiné Meiner und Tobias Stäbler. Meiner Verlegerin Julia Eisele danke ich von Herzen! Es gibt Orte, die ich liebe: *Toast Bar, Kandie Shop, Möwe Sturzflug, Kaffee Stark, Suicycle Store, Atelier.91* und *Minigroove Records* auf St. Pauli.

Das Kini und der *Saal II* im Schanzenviertel. Auch dort habe ich beobachtet, nachgedacht, Geschichten erfunden und Freunde getroffen. Ich danke meinem Lieblingsbuchladen: Cohen & Dobernigg, Hamburg.

Allen voran danke ich aber der Heiligen Maria: Ohne ihre Hilfe hätte deine Mutter nie die höllische Flucht übers Meer überlebt. Tagelang ohne Wasser auf dem südchinesischen Meer, viele Menschen starben. Hätte deine Mutter nicht überlebt, dann hättest du nicht das Licht der Welt erblickt, und ich hätte nicht diese Liebe gefunden. Aber das ist eine andere Geschichte. Vielleicht erzähle ich auch die irgendwann, später. Bis dahin haben wir die Gegenwart.

Huyen, dieses Buch ist dir gewidmet. Ich hoffe, wir begegnen uns.

Nachtrag II

Morgens frage ich dich, noch in die weißen Bettlaken gewickelt und meist glücklich, ob du heute dein Leben mit mir verbringen willst. Es geht um alles, das aber nur an diesem einen Tag. Zu viel Zukunft erdrückt. Neulich musste ich zu einer unchristlichen Zeit aufstehen, um den Zug zu bekommen. Ich wollte dich nicht wecken, also hinterließ ich dir eine Notiz:

Linh, willst du heute mit mir dein Leben verbringen? Kreuze bitte an:
   □ *Ja.*
   □ *Nein, fick dich!*

Du hast eine weitere Antwortmöglichkeit hinzugefügt und sie angekreuzt:
   □ *Ja, fick mich!*